Schlafstörungen

Wirksam vorbeugen und behandeln

Dr. med. Sonja Schulz
Albert Haufs

Gesundheit für mich

Titelabbildungen: Mauritius Images (u.), Klosterfrau Gesundheitsdienst (2. v. li.)
Gestaltung: Axel Ganguin
Umschlaggestaltung: Axel Ganguin

ISBN-13: 978-3-8174-6160-8
ISBN-10: 3-8174-6160-7
5461601

Vorwort

Sozialer Wohlstand, moderne Technik und die Fortschritte der Medizin haben den Gesundheitszustand der Bevölkerung spürbar verbessert und ermöglichen ein längeres Leben mit weniger gesundheitlichen Beeinträchtigungen. Es wird aber auch immer deutlicher, welch großen Einfluss jeder Einzelne selbst auf seine Gesundheit oder auf den Verlauf einer Krankheit hat. Regelmäßige Bewegung, eine gesunde und ausgewogene Ernährung, eine nikotinfreie Lebensweise und die aktive Bewältigung von Stress halten gesund oder unterstützen zumindest dort, wo die Gesundheit bereits angeschlagen ist. Häufig können auch Selbsthilfegruppen hilfreiche Unterstützung bieten.

Nicht immer sind wir uns dieser Einflussmöglichkeiten, die wir selbst in der Hand haben, bewusst. Gesundes Verhalten wirkt – ebenso wie gesundheitsschädliches Verhalten – oft erst zeitverzögert. Ein gesunder Lebensstil wird daher (leider) häufig erst dann zum Thema, wenn Beschwerden oder Erkrankungen die Betroffenen wach gerüttelt haben.
Aber auch dann gibt es noch Chancen: Bewegung, gesunde Ernährung und aktive Entspannung stärken Ihre Gesundheit und verbessern Ihr Wohlbefinden in jedem Lebensabschnitt, in jeder Lebenssituation. Oft sind es ganz einfache Veränderungen im Alltag, die schon Verbesserungen bringen, ohne mit größeren Kosten oder Mühen verbunden zu sein. Fundierte Informationen hierzu, sowie viele hilfreiche und leicht nachvollziehbare Tipps und Anregungen liefert der vorliegende Ratgeber.

Der gesunde Schlaf

Welche Tätigkeit ist uns so wichtig, dass wir ihr einen Großteil unserer Zeit widmen würden? Was käme uns da nicht alles in den Sinn – Familie, Liebe, Arbeit oder Hobbys. Eher selten denken wir dabei wahrscheinlich an den Schlaf. Dieser ist jedoch so wichtig für unser körperliches und seelisches Wohlbefinden, dass wir im Allgemeinen ein Drittel unserer Lebenszeit schlafend verbringen.

Die Bedeutung des Schlafs für Körper, Geist und Seele
Ein guter Schlaf gehört wie gesundes und schmackhaftes Essen oder Trinken zu den elementaren Bedürfnissen des Menschen. Der Schlaf mit seiner heilenden Kraft ist ein wichtiger Gesundbrunnen und hat eine große Bedeutung für das körperliche Wohlbefinden: Während des Schlafs laufen wichtige regenerative Prozesse ab und auch Stoffwechsel und Immunsystem werden beeinflusst. So stärkt ein gesunder Schlaf die Widerstandsfähigkeit des Körpers gegenüber Krankheiten. Wer schlecht schläft, schwächt demnach die körpereigenen Abwehrkräfte.
Während des Schlafs erholt sich aber nicht nur der Körper, denn Schlaf ist auch für die Gesundheit der Seele und für die intellektuellen Fähigkeiten von großer Bedeutung. So laufen im Gehirn eine Vielzahl von Prozessen ab – Gelerntes verfestigt sich und Erlebtes wird verarbeitet.

Schlaf ist also keine „verschwendete Zeit", in welcher der Geist abschaltet und der Körper ausruht. Ein guter Schlaf hilft uns vielmehr, die alltäglichen Anforderungen und Belastungen besser zu bewältigen.

Schlafmangel ist schädlich
Ein erholsamer Schlaf, Gesundheit und Wohlbefinden bedingen sich gegenseitig. So wie Krankheiten, Stress oder psychisch bedingte Probleme die Nachtruhe beeinträchtigen können, kann eine schlechte Schlafqualität krank machen.

So unterschiedlich wie die Menschen ist auch ihr individuelles Schlafbedürfnis – der eine benötigt acht Stunden, um ausgeruht zu sein, der andere fühlt sich schon nach sechs Stunden Schlaf munter und erholt. Mit weniger Schlaf auszukommen ist nicht erlernbar, wie viele annehmen. Es wäre deshalb fatal zu glauben, man könne ohne Weiteres weniger schlafen, um auf diese Weise eingesparte Zeit für Arbeit oder Freizeitvergnügungen zu nutzen.

Ein Mangel an Schlaf hat gravierende Auswirkungen auf die allgemeine Leistungs- und Konzentrationsfähigkeit. Das Risiko für Arbeits- und Verkehrsunfälle steigt, weil sich die Reaktionszeit bei zu wenig Schlaf verschlechtert. Das Reaktionsverhalten eines übernächtigten Autofahrers ist beispielsweise so schlecht, als würde er ein Fahrzeug unter Alkoholeinfluss steuern (mit etwa 1,0 Promille). 15 Prozent aller Verkehrsunfälle sind auf den durch Müdigkeit ausgelösten „Sekundenschlaf" zurückzuführen.

Wege zu einem ungestörten Schlaf

Wer morgens trotz Wecker nur mit großer Mühe aus dem Bett kommt, überdies unausgeglichen und in schlechter Stimmung in den Tag startet, oder sich tagsüber häufig müde und abgespannt fühlt, leidet möglicherweise unter Schlafstörungen. Etwa 30 Prozent der männlichen und sogar 40 Prozent der weiblichen Bevölkerung in Deutschland klagen über Einschlaf- und/oder Durchschlafstörungen.

Der Großteil der Schlafprobleme lässt sich ohne Medikamente beheben und nur selten liegt den Schlafstörungen eine krankhafte Ursache zugrunde. So können Betroffene selbst zahlreiche wirkungsvolle Maßnahmen ergreifen, um ihre Nachtruhe zu verbessern. Häufig kann man schon durch einen gesunden Lebensstil (gesunde, ausgewogene Ernährung, viel Bewegung, wenig Stress, Verzicht auf Genussmittel) und die richtige Schlafhygiene für einen ruhigen und erholsamen Schlaf sorgen. Denn Faktoren wie das Ernährungsverhalten, psychische Belastungen, die Schlafumgebung, der Komfort des Betts, Lärmquellen, Schichtarbeit etc. können die Qualität des Schlafs erheblich beeinträchtigen.
Manche Schlafstörungen wie Insomnie, Schlafapnoe, Restless-Legs-Syndrom, Narkolepsie und Parasomnien sind behandlungsbedürftig, weshalb man in diesen Fällen einen Arzt konsultieren sollte.

Was geschieht im Schlaf? Was passiert, wenn wir nicht genug Schlaf bekommen? Wie verändert sich der Schlaf über die verschiedenen Lebensalter eines Menschen? Stellt das Schnarchen ein Problem dar? Wie finde ich heraus, ob ich eine Schlafstörung habe? Was kann ich selbst tun, um Schlafstörungen zu vermeiden?
Auf diese und viele andere Fragen finden Sie in den folgenden Kapiteln eine Antwort. Mithilfe dieses Ratgebers erhalten Sie außerdem ein besseres Verständnis davon, was qualitativ hochwertigen Schlaf ausmacht, wie man mit Jetlag oder Schichtarbeit am besten umgeht und wie man die gefährliche Tagesschläfrigkeit vermeiden kann.

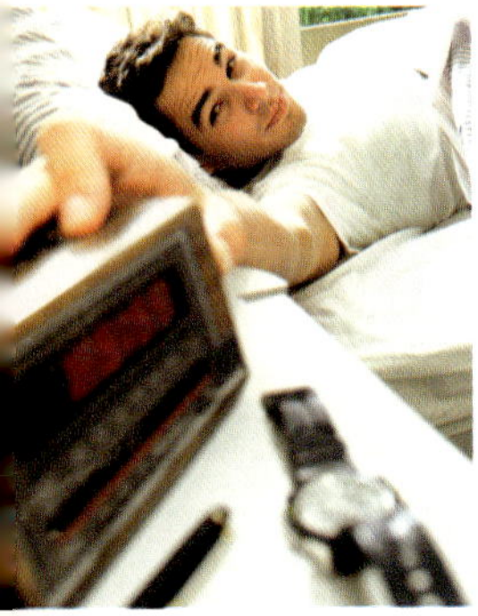

Der Schlaf – ein interessantes Phänomen

„Schlaf ist doch die köstlichste Erfindung“ befand schon Heinrich Heine. Regelmäßig genügend Schlaf zu bekommen ist von großer Bedeutung für das seelische und körperliche Wohlbefinden – immerhin verbringt der Mensch ein Drittel seines Lebens mit Schlafen. Im Allgemeinen schenkt man dem Schlaf nur wenig Beachtung und hält ihn für selbstverständlich. Sinn und Bedeutung des Schlafs rücken oftmals erst dann ins Blickfeld, wenn er gestört ist.

Der gesunde Schlaf – eine (un-) ruhige Reise durch die Nacht

Jeder von uns hat es schon einmal erlebt: Obwohl man den ganzen Tag aktiv war und sich erschöpft und müde fühlt, liegt man abends im Bett und kommt einfach nicht zur Ruhe. Stattdessen wälzt man sich von links nach rechts, wacht immer wieder auf und liegt scheinbar über Stunden wach. Ist man endlich eingeschlafen und im Tiefschlaf, klingelt bereits wieder der Wecker und es heißt aufstehen. Völlig gerädert, unausgeschlafen und unkonzentriert macht man sich schließlich auf den Weg zur Arbeit.

Das ist sicher eine unangenehme Erfahrung – ganz falsch wäre es jedoch, hier gleich krankhafte und behandlungsbedürftige Schlafstörungen zu befürchten. Denn genau dann, wenn die Gedanken nur noch darum kreisen, weshalb man angeblich einen so schlechten Schlaf hat, fällt es noch schwerer, sich zu erholen

und sich während des Schlafs zu regenerieren. Gelegentliche Schlafstörungen sind ein ganz normaler Teil des Lebens und sollten in der Regel nicht überbewertet werden.

Als Erstes muss man sich deshalb bewusst machen, dass der gesunde Schlaf kein passiver, gleichmäßiger Ruhezustand ist, in dessen Verlauf alle Körperfunktionen auf ein Minimum herabgesetzt sind und man acht Stunden am Stück durchschläft. Der Zustand des Schlafs ist nicht das Gegenteil vom Wachsein – vielmehr sind in beiden Phasen vergleichbare körperliche und psychische Vorgänge zu beobachten und sowohl beim Wachsein als auch beim Schlafen können Aktivitäten in Gehirn und Körper nachgewiesen werden.

Schlafen und Wachen sind zwei unterschiedliche, aber gleichwertige Zustände.

„Normale Störungen" beim Schlafen

Bevor die einzelnen Gesichtspunkte des Phänomens Schlaf genauer behandelt werden, wird im Folgenden kurz erläutert, weshalb ein individuell unterschiedliches Schlafverhalten – geprägt von Unterbrechungen und unruhigen Phasen – normal ist, und in der Regel keinen Grund zur Beunruhigung darstellt. Der wichtigste Schritt hin zu einem gesunden und erholsamen Schlaf ist es, sich nicht zu sehr auf die vermeintlichen Störungen zu konzentrieren und diese stattdessen als normale körperliche Vorgänge zu akzeptieren. Auf diese Weise lassen sich die meisten Schlafstörungen ohne Arzneimittel beheben.

Häufiges Aufwachen ist die Norm

Mehrmaliges Aufwachen gehört zum gesunden Schlaf und ist – sofern man schnell wieder einschläft – keinesfalls besorgniserregend (zu krankhaften Schlafstörungen siehe Seite 51 ff.). So ist es völlig normal, wenn man nachts häufiger aufwacht, im Durchschnitt geschieht dies bis zu

Gestörter Schlaf bei Stress

Es ist nicht ungewöhnlich, dass der Körper in Stress- und Belastungssituationen vorübergehend mit Schlafstörungen reagiert. In Urzeiten hat uns diese Reaktion in Gefahrensituationen geholfen, wach und fluchtbereit zu bleiben.

28-mal pro Nacht! In der Regel schläft man danach sehr schnell wieder ein und weiß deshalb am nächsten Tag nichts mehr von dieser Wachphase. Während der kurzen Zeit des Wachseins kann man sich oft auch an einen Traum erinnern – dass man am nächsten Tag nicht mehr in der Lage ist, diesen nachzuerzählen, liegt an der kurzen Dauer der Wachphase.

Wozu die Wachphasen gut sind, kann nur vermutet werden. Einige Wissenschaftler sehen hierin ein Überbleibsel aus der Zeit unserer frühen Vorfahren, das dazu diente, die Umgebung auf lauernde Gefahren zu überprüfen. Da der Mensch seiner Umwelt im Schlaf hilflos ausgeliefert ist, kann das häufige Wachwerden während der Leichtschlafphase also als eine Art Schutzmechanismus verstanden werden, der es den Menschen ermöglicht, in gefährlichen Situationen schnell zu reagieren.

Spielte das Phänomen des leichten Schlafs für unsere Urahnen noch eine wichtige Rolle, haben die Menschen in der modernen zivilisierten Welt in der Regel einen sehr sicheren Schlaf. Das kurze Wachwerden erfüllt aber auch heute noch durchaus seinen Zweck: So wachen Mütter von Säuglingen nachts häufig auf, obwohl sich das Kind nicht gerührt hat – eine automatische Reaktion, um sicherzustellen, dass mit dem Säugling alles

in Ordnung ist. Die Bezeichnung für dieses Phänomen – Ammenschlaf – stammt aus früherer Zeit, als die Säuglinge nicht bei den Müttern, sondern bei Ammen schliefen. Vielen Menschen fällt es auch schwer, in einer fremden Umgebung sofort einzuschlafen – ebenfalls ein Zeichen dafür, wie sehr die Natur den Menschen vor Gefahren schützen will.

Durchschlafen ist nicht die Norm!

Seien Sie also unbesorgt, wenn Sie nachts häufiger aufwachen: Dies ist eine völlig normale Erscheinung und hat nichts mit einer Schlafstörung zu tun. Sobald Sie sich das bewusst machen, können Sie sich auf die andere Seite drehen und in Ruhe weiterschlafen.

Körper und Geist in Bewegung

Körper und Geist durchlaufen während des Schlafens verschiedene Stadien, die alle eine bestimmte Funktion erfüllen (siehe Seite 15 f.). Schlaf ist also kein geradliniger Vorgang, sondern unterteilt sich in verschiedene Abschnitte (siehe Seite 32 ff.).

So kühlt sich die Körpertemperatur beim Schlafen ab, die Muskeln erschlaffen und der Blutdruck und Herzschlag nehmen ab. Sicher haben Sie auch schon erlebt, dass Sie kurz vor dem Einschlafen durch eine kurze, ruckartige Zuckung in Armen oder Beinen wieder aufschrecken. Diese unwillkürlichen Muskelbewegungen sind typisch für die Einschlafphase. Sie treten häufig auf (bei 60 bis 70 Prozent der Bevölkerung), sind in der Regel nicht krankhaft und auch kein Grund zur Beunruhigung (zum Thema krankhafte Bewegungsunruhe siehe Restless-

Legs-Syndrom, Seite 59 ff.). Auch Bewegungen während der einzelnen Schlafphasen und mehrfaches Umdrehen in der Nacht sind völlig normal und außerdem wichtig für Gesundheit und Wohlbefinden. Denn eine Veränderung der Schlaflage schützt den Körper vor Verspannungen, vermeidet Druckstellen und sorgt für Entlastung.

Auch das Gehirn ist während des Schlafens keineswegs passiv, sondern verarbeitet Eindrücke und speichert Erlerntes (siehe Seite 15).

Schlafqualität wichtiger als Schlafdauer

Die weitverbreitete Annahme, dass jeder Mensch mindestens acht Stunden Schlaf benötigt, um körperlich und geistig fit zu sein, ist ein Irrtum. Das Schlafbedürfnis jedes Einzelnen ist von individuellen Faktoren abhängig und kann zwischen fünf und zehn Stunden variieren (siehe Seite 21 ff.). So erholt sich der Körper bei vielen Menschen beispielsweise schon nach nur fünf Stunden Schlaf. Andere wiederum benötigen regelmäßig ihre neun Stunden Schlaf, um tagsüber ausgeruht und konzentriert zu sein.

Wichtig für das körperliche und seelische Wohlbefinden ist deshalb nicht, wie lange man schläft, sondern wie gut der Schlaf ist. So wie wir unseren Körper waschen und pflegen, sollten wir deshalb auch auf die Qualität unserer Nachtruhe achten. Wichtig ist das Beibehalten einer „Schlafhygiene“, also der Bedingungen und

Vor allem die Qualität des Schlafs ist Voraussetzung für die körperliche und seelische Erholung.

Warum fallen wir nachts eigentlich nicht aus dem Bett?

Obwohl wir nachts in unseren Träumen akrobatische Leistungen vollbringen, Abenteuer bestehen oder sogar fliegen können, fallen wir nicht aus dem Bett. Denn glücklicherweise ist während solcher Traumphasen die Muskelspannung des Körpers stark reduziert, teilweise ist der Schläfer wie gelähmt. Die Augen vollführen zwar die wildesten Bewegungen, der restliche Körper liegt aber still. Dies dient dem Schutz vor unkontrollierten Bewegungen.

Für Positionswechsel kann es zum kurzen Aufwachen kommen, was nach Beobachtungen des Schlafforschers Peter Geisler von der Universität Regensburg bis zu zehnmal in einer Stunde vorkommen kann. Der Träumende kann dann unterbewusst seine räumliche Lage einschätzen, sodass er sich nur innerhalb der Liegefläche bewegt. Bei Kindern funktioniert das noch nicht immer so perfekt, weshalb sie schon einmal aus dem Bett fallen können. Es scheint hierbei also einen Lernprozess zu geben.

Studien zum Schlafbedürfnis

Die bei vielen Menschen landläufig verbreitete Annahme, viel Schlaf sei besonders gut, hat sich als Irrglaube herausgestellt. Eine neue Studie aus Japan kommt zu dem Schluss, dass an Werktagen sieben Stunden Schlaf zur Erholung ausreichen. Mehr noch: Eine durchschnittliche Schlafdauer von sieben Stunden scheint danach sogar am gesündesten zu sein. Japanische Wissenschaftler befragten über 100.000 Japaner im Alter zwischen 40 und 79 Jahren nach ihren Schlafgewohnheiten und beobachteten zehn Jahre ihren Gesundheitszustand. Die Wissenschaftler von der Universität von Nagoya kamen zu dem Ergebnis, dass diejenigen, die zwischen 6,5 und 7,5 Stunden pro Nacht schliefen, die höchste Lebenserwartung aufwiesen. Bei mehr als acht Stunden Schlaf nahm die Lebenserwartung deutlich ab. Das Sterblichkeitsrisiko stieg auch bei den Menschen, die weitaus weniger schliefen (unter 4,5 Stunden pro Nacht).
Zu einem ähnlichen Resultat mit einer Empfehlung von sieben Stunden Schlaf kamen auch Forscher aus Großbritannien, die eine Studie mit einer Million Teilnehmern durchführten.

Finden Sie heraus, welches Ihre individuell optimale Schlafdauer ist.

Verhaltensweisen, welche die Voraussetzung für einen guten Schlaf sind (siehe Seite 84 ff.). Dies beinhaltet z. B. Einschlafrituale und das Zubettgehen zu einem möglichst regelmäßigen Zeitpunkt, aber auch eine gesunde und stressarme Lebensweise.
Wenn Sie es z. B. gewöhnt sind, morgens früh aufzustehen und nachmittags einen kurzen Mittagsschlaf zu halten, kann sich ein Verzicht auf diese Ruhepause negativ auf Ihr Wohlbefinden auswirken (Konzentrationsschwäche, schlechte Laune, Kopfschmerzen). Sie sollten deshalb versuchen, Ihre persönlichen Schlafgewohnheiten möglichst immer einzuhalten.

Statistiken sind nicht alles!

Denken Sie bei all den Statistiken und Durchschnittswerten immer daran: Sie haben einen ganz persönlichen Biorhythmus und individuelle Schlafbedürfnisse. Finden Sie heraus, wo Ihre optimale Schlafdauer und Einschlafzeit liegt – so erreichen Sie am besten eine gute Schlafqualität und einem gesunden, erholsamen Schlaf steht nichts mehr im Weg!

Einschlafrituale, z. B. das allabendliche Vorlesen einer Geschichte, helfen dabei, Körper und Geist auf die Schlafenszeit vorzubereiten.

Wichtige Funktionen des Schlafs

Schlaf und Lernen

An der Aussagekraft der bekannten Redewendung „über eine Sache schlafen" scheint einiges dran zu sein. Dass dies nicht nur eine Volksweisheit ist, wurde in verschiedenen Studien zu diesem Thema belegt. Der Mensch bewältigt eine neue Aufgabe besser, wenn er ausgeruht ist, ebenso wie er gelernte Dinge in diesem Zustand besser behalten kann. In einer wissenschaftlichen Untersuchung zeigte sich: Je weniger die Versuchspersonen geschlafen hatten, desto schlechter wurden ihre Testergebnisse. Mindestens sechs Stunden Schlaf waren nötig, um Lernerfolge vorzuweisen, die Ergebnisse wurden umso besser, je mehr die Testpersonen geschlafen hatten.
Inzwischen weiß man auch, dass es wirksamer ist, eine erholsame Nachtruhe einzulegen, als einfach weiterzulernen oder nur kurz zu schlafen, um dann das Lernen fortzusetzen. Denn während des Schlafens finden im Gehirn Prozesse der Speicherung und Sortierung von Gelerntem statt (siehe Seite 32). So wird Schülern, die neue Inhalte gelernt haben, empfohlen, noch einmal eine Nacht zu schlafen, um den Stoff zu festigen. Auch die Psyche erholt sich während des Schlafens, da der Mensch im Traum die Erlebnisse des Tages verarbeiten kann.

Schlaf und Regeneration

Ein erholsamer Schlaf trägt zu einem großen Teil zur Gesundheit und Lebensqualität eines Men-

schen bei. Raubt man einem Menschen den Schlaf, so erlebt dieser sehr bald bedeutende Beeinträchtigungen. Die Stimmungslage verschlechtert sich, Auffassungs- und Erinnerungsvermögen lassen nach.
Schon beim Einschlafen beginnt der Körper mit der Ausschüttung eines Teils der Hormone, die für die Erholung eine wichtige Rolle spielen.

Die erste Schlafhälfte hat außerdem eine große Bedeutung für das Immunsystem, da in dieser Phase entartete Zellen (Krebszellen) zerstört werden. Während des Tiefschlafs laufen in etlichen Zellen andere wichtige Prozesse ab, z.B. die Blutbildung, die Wundheilung und die Erneuerung und Reparatur von Hautzellen. Eine Vielzahl von Eiweißstoffen und auch der größte Teil der täglichen Menge an Wachstumshormonen werden vom Körper im Laufe der Nacht produziert. Kinder wachsen zum großen Teil in der Nacht, daher kann zu wenig Schlaf das Wachstum stören. Die Wachstumshormone regen wiederum die Bildung spezieller Immunzellen an.

Der zirkadiane Rhythmus

Als zirkadiane Rhythmik (lateinisch circa = ungefähr; dies = Tag), landläufig auch Biorhythmus ge-

Schlaf ist Erholung

Körper und Psyche erlangen durch ausreichenden gesunden Schlaf eine erhöhte Leistungsfähigkeit für die während der Wachphase zu erledigenden Aufgaben.

nannt, bezeichnet man den periodischen Wechsel, dem jedes Lebewesen auf der Erde unterworfen ist und der den Schlaf-Wach-Rhythmus der Organismen steuert.
In der Regel stimmt dieser Schlaf-Wach-Rhythmus mit dem Wechsel von Tag und Nacht überein, wobei festgestellt wurde, dass der Biorhythmus nicht allein von äußeren Faktoren wie Licht und Dunkelheit gesteuert wird. So ergaben Studien, dass ein Tag in einer „zeitfreien" Umgebung (z. B. in einem Bunker, abgeschottet von Tageslicht und jeglichen Hinweisen auf die tatsächliche Tageszeit) eine Stunde länger dauert, also 25 Stunden. Nach vier Wochen hatten die Versuchsteilnehmer durch die tägliche Zeitverschiebung um eine Stunde einen vollen Tag weniger erlebt. Das Verhältnis der Schlafdauer zu der im wachen Zustand verbrachten Zeit blieb bei den Testpersonen fast gleich – auch sie verbrachten etwa ein Drittel ihrer Zeit schlafend.
Diese Studien bestätigen, dass nicht nur äußere Faktoren unseren biologischen Rhythmus prägen. Vielmehr gibt es darüber hinaus noch eine Art „innere Uhr" im Körper, deren Rhythmus sich an die äußeren Begebenheiten anpasst.

Steuerung der inneren Uhr

Bei den meisten Lebewesen auf unserem Planeten nimmt die auf- bzw. untergehende Sonne Einfluss auf die Wach- und Schlafphasen, da die Lichtsignale vom Auge erkannt und an Steuerungszentren im Gehirn weitergeleitet werden (siehe Seite 28). In diesen Gehirnregionen wird dann die Produktion des Hormons Melatonin angeregt, dessen Spiegel im Laufe der Nacht weiter ansteigt. Ein leichter Anstieg des Melatoninspiegels ist auch in der Mittagszeit zwischen 13 und 16 Uhr zu verzeichnen.
Weitere wichtige Faktoren, die unsere innere Uhr beeinflussen, sind neben Licht und Dunkelheit

Bei Blinden mit Schädigung des Sehnervs ist wegen der fehlenden Hell-Dunkel-Reize durch das Licht der Hormonzyklus (speziell Melatonin) gestört, weshalb sie oft unter einem gestörten Schlaf leiden.

Die Sonne als Wecker

Der Hell-Dunkel-Rhythmus funktioniert als Taktgeber, der den Biorhythmus des Menschen steuert. Interessant ist ferner, dass verschiedene Berufsgruppen (z. B. durch Schichtarbeit) deutlich unterschiedlichen Lichtmengen ausgesetzt sind. Dies kann Folgen für das seelische Wohlbefinden haben, denn Licht wirkt stimmungsaufhellend.
Während in Innenräumen selten eine Lichtintensität erreicht wird, die 400 Lux (Maßeinheit für die Beleuchtungsstärke) überschreitet, ist man unter freiem Himmel bis zu 100.000 Lux (bei Sonnenschein) ausgesetzt.

auch Geräusche und Temperatur sowie soziale Rahmenbedingungen (Arbeitsplatz, gesellschaftliche Kontakte).

In früheren Zeiten bestimmten Licht und Dunkelheit die Schlafzeit des Menschen in viel stärkerem Maße als heutzutage. Da sich der Mensch im Dunkeln nur sehr schlecht orientieren konnte und sich mancherlei Gefahren ausgesetzt sah, hielt er sich nachts bevorzugt in seiner Unterkunft auf und bereitete sich alsbald auf die Nachtruhe vor.

Erst das Aufkommen der Elektrizität veränderte – zunächst in den Großstädten – allmählich die Schlafgewohnheiten, indem zunehmend Tagesaktivitäten in die späten Abendstunden verlegt wurden. Der Schlafforscher Dr. Wilse B. Webb nannte dies den „Edison-Effekt" (nach Thomas Edison, dem Erfinder der Glühlampe).

Trotz der Unabhängigkeit von Tag und Nacht in diesem Sinne können wir uns den Zeitpunkt des abendlichen Schlafengehens und morgendlichen Aufstehens nur selten aussuchen, da unsere Lebenssituation mit Arbeit, Gesellschaft und Familie die persönlichen Gewohnheiten mitbestimmt.

Im menschlichen Organismus gibt es nicht nur den zirkadianen Rhythmus, denn eine Vielzahl weiterer körperlicher wie psychischer Abläufe verändert sich rhythmisch. Nahe liegende Beispiele sind die Atem- und Pulsfrequenz, der Menstruationszyklus der Frau sowie die Veränderungen der Körpertemperatur. Die eher langsamen Stoffwechselprozesse unterliegen ebenso einem Rhythmus

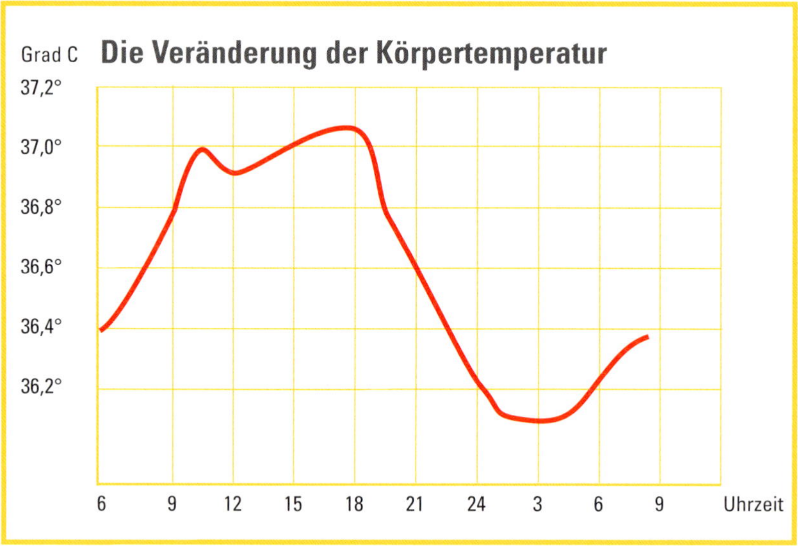

Die Körpertemperatur des Menschen ist im Laufe eines 24-Stunden-Tags erheblichen Schwankungen unterworfen. Der Höhepunkt der Kurve wird im Laufe des Vormittags und am frühen Abend erreicht, die tiefste Temperatur misst man mitten in der Nacht um ca. drei Uhr.

wie die sehr schnellen Abläufe im Nervensystem.
Eigentlich könnte man sagen, dass jede einzelne Zelle des Organismus einem zirkadianen Rhythmus unterliegt, denn wenn man einzelne Zellen aus Organen wie Leber oder Niere in einer Kulturlösung isoliert, so lässt sich auch weiterhin eine Tagesrhythmik beobachten. Die zentrale Steuerung im Körper erfolgt über Schaltstellen im Gehirn, über Nervenverbindungen oder über im Blut kreisende Botenstoffe.

Leistungsschwankungen
Körper und Geist sind einem ständigen Auf- und Ab unterworfen. Generell ist der menschliche Organismus tagsüber am produktivsten, weshalb Schichtarbeiter, die nachts arbeiten müssen, häufig Schlafprobleme haben (siehe Seite 105 ff.). So ist die Leistungsfähigkeit zwischen zehn und zwölf Uhr mittags und um ca. 17 Uhr am höchsten, wohingegen sie am frühen Nachmittag (zwischen 13 und 14 Uhr) ein ausgeprägtes Tief erfährt. Auch nachts können bei körperlichen Vorgängen Höhen und Tiefen beobachtet werden, wobei die Zeit von drei bis vier Uhr morgens einen Tiefpunkt darstellt.

Störungen des inneren Rhythmus
Störungen des Schlaf-Wach-Rhythmus treten auf, wenn der natürliche Rhythmus aus irgendwelchen Gründen aus dem Takt gerät, z. B. wenn Sie versuchen, zu Zeiten wach zu bleiben, die Ihrer inneren Uhr widersprechen. Infolgedessen kann es passieren, dass Sie nicht mehr zur gewünschten Uhrzeit einschlafen können (verzögerte Schlafphase) oder das Schlafbedürfnis Sie früher als geplant überfällt (verschobene Schlafphase).
So kann es z. B. nach einer langen Flugreise mit Zeitzonenwechsel zu den beschriebenen Phänomenen kommen (Jetlag), da die innere Uhr auf Nacht eingestellt ist, während draußen helllichter Tag ist. Diese Störung des Schlaf-Wach-Rhythmus verschwindet jedoch nach kurzer Zeit wieder, da sich der Körper den veränderten Bedingungen anpasst.
Problematischer ist dies allerdings bei Menschen, die im Schichtdienst arbeiten (siehe auch Seite 105 ff.). Hier können die innere Uhr und der tatsächliche Arbeitsrhythmus nie wirklich in Einklang gebracht werden, da die vom Körper wahrgenommenen äußeren Faktoren (Licht, gesellschaftliche Faktoren) Tag und Nacht immer noch in den normalen 24-Stunden-Rhythmus einteilen, wohingegen die Arbeitsbedingungen oft variieren.

Optimierter Mittagsschlaf: Powernapping
Das Tief am Mittag zwischen 13 und 14 Uhr überkommt jeden Menschen in mehr oder weniger

Der moderne Mensch neigt dazu, seine abendliche Freizeit mit TV-Konsum oder anderen Aktivitäten auf Kosten des Schlafs auszudehnen.

Schichtarbeiter sind deutlich anfälliger für Krankheiten (Infekte, Magen-Darm- und Herz-Kreislauf-Erkrankungen).

Das Mittagsschläfchen sollte man möglichst in einer bequemen Position (Ruheraum, Sessel) abhalten, damit man nicht mit Verspannungen aufwacht.

starker Ausprägung. Viele versuchen sich mit Kaffee oder Cola wach zu halten oder flüchten sich in die Kantine. Dabei ist das Bedürfnis nach einem Nickerchen ganz natürlich und den Schlafforschern seit langem bekannt. Aber bringt es auch etwas, dem nachzugeben?

Tatsächlich konnte man in vergleichenden Untersuchungen nachweisen, dass nach einem kurzen Mittagsschlaf von etwa 15 Minuten nahezu die volle körperliche

Siesta – eine gute Idee

Besonders südliche Länder sind bekannt für die Tradition des Mittagsschlafs, der „Siesta". Durch ihn umgeht man die heißesten Stunden des Tags, zu denen die Arbeit ohnehin wenig produktiv wäre. Zum Ausgleich dehnen die Menschen des Mittelmeerraums ihre Aktivitäten verstärkt auf die kühleren Abendstunden aus. Im Zuge der zunehmenden Industrialisierung dieser Staaten und die steigende Zahl an Arbeitsplätzen in klimatisierten Räumen verzichten auch dort immer mehr Menschen auf ihr mittägliches Nickerchen – schade, denn dies ist Erholung pur.

wie geistige Fitness wiederhergestellt ist, während bei einem Verzicht auf das Nickerchen ein Leistungsabfall auf etwa 75 Prozent des ursprünglichen Niveaus zu erwarten ist.

Obwohl sich viele bekannte Persönlichkeiten wie Albert Einstein, Konrad Adenauer oder Thomas Mann zum Mittagsschlaf bekannten, ist er in Deutschland immer noch bei vielen Chefs verpönt. In Amerika zeichnet sich allerdings eine Trendwende ab: Hier hat man das Powernapping erfunden, das kurze „Energie-Schläfchen" (englisch power = Energie, Kraft; nap = Nickerchen) für Zwischendurch, das sich immer größer werdender Beliebtheit erfreut und auch in vielen Firmen praktiziert wird. Ein solcher Powernap sollte die Zeitdauer von 30 Minuten nicht überschreiten, damit der Organismus nicht in den Tiefschlaf verfällt und das anschließende Aufwachen dadurch schwer fällt. Ein kurz vor dem Nickerchen getrunkener starker Kaffee beschleunigt das Wachwerden, denn die Wirkung des Koffeins setzt erst nach etwa 20 bis 30 Minuten ein.

Die verschiedenen Schlaftypen

Wie bereits erwähnt, ist das individuelle Schlafbedürfnis unterschiedlich, hin und wieder mag man mit vier oder fünf Stunden auskommen. Grundsätzlich sollte allerdings eine durchschnittliche Schlafdauer von sieben bis acht Stunden angestrebt werden, wie sie von Schlafmedizinern empfohlen wird.

Wenn man sich zwingt, wach zu bleiben, z. B. um eine lange Autofahrt hinter sich zu bringen, lässt sich der Organismus nicht beliebig manipulieren. Irgendwann fordert der Körper seinen Tribut. Man wird zunehmend unkonzentriert und schläfrig, früher oder später wird man vom Schlafbedürfnis überwältigt. Beim langen Fernsehen hat das keine schlimmeren Folgen, als dass man irgendwann in der Nacht fröstelnd und verspannt auf dem Sofa aufwacht, beim Autofahren oder Bedienen von Maschinen wird solche Müdigkeit lebensgefährlich. Sammelt man über einen gewis-

Ein Grundrecht auf Schlaf

Auch in China ist der Mittagsschlaf weitverbreitet. In vielen Fabriken und Büros genehmigen sich Arbeiter und Angestellte nach dem Mittagessen regelmäßig ein Schläfchen, auf das sie sogar ein verfassungsmäßiges Anrecht haben.

In den meisten Ländern ist der Mittagsschlaf ein den Rentnern und Kleinkindern vorbehaltener Luxus. Dabei erhöht ein kurzes Nickerchen die Leistungsfähigkeit und Konzentration.

Jeder Mensch hat seinen eigenen Rhythmus und sein individuelles Schlafbedürfnis.

sen Zeitraum ein Schlafdefizit an, so ist der Körper bemüht, diesen Mangel über einen längeren Schlafturnus wieder auszugleichen. Die Information über den erhöhten Schlafbedarf scheint der Körper über eine Art hormonelle Rückmeldung zu bekommen.

Der „Durchschnitts-Deutsche" lebt hinsichtlich seiner Schlafgewohnheiten durchaus gesund, denn wissenschaftliche Untersuchungen bescheinigen jedem Deutschen eine durchschnittliche Verweildauer von sieben Stunden im Bett. Ob der entscheidende Aspekt der Schlafqualität stimmt ist allerdings fraglich. Immerhin klagt jeder Dritte über Probleme mit dem Ein- oder Durchschlafen.

Kurz- und Langschläfer

Wie schon gesagt ist das Schlafbedürfnis der Menschen individuell verschieden. Allgemein lassen sich die Menschen in drei Typen einteilen: die Kurz-, die Mittel- und die Langschläfer. Zu welcher Schlafdauer man neigt, ist weitgehend erblich bedingt. Das Erbmaterial nimmt sogar Einfluss auf die subjektiv empfundene Schlafqualität, wie man durch vergleichende Untersuchungen bei Zwillingen herausfinden konnte.

Abgesehen vom Grundtypus ist aber jeder Mensch zu gewissen Anpassungsleistungen in Sachen Schlaf in der Lage. Äußere Umstände beeinflussen zu bestimm-

Drei Schlaftypen

Man unterscheidet im Wesentlichen folgende Schlaftypen:
Der Kurzschläfer kommt mit fünf bis sechs Stunden pro Nacht aus.
Der Mittelschläfer benötigt sechs bis acht Stunden zur optimalen Erholung.
Der Langschläfer ruht durchschnittlich acht bis zehn Stunden.

ten Zeiten die Dauer des Schlafs ebenso wie die jeweilige Stimmungslage.
Stellen Sie fest, welcher Schlaftypus Sie sind! Dies ist wichtig bei der Beurteilung der Schlafqualität. So unterbricht ein Kurzschläfer, der zu lange im Bett liegen bleibt, seinen eigentlichen Rhythmus und vermutet in der Folge möglicherweise irrtümlich eine Schlafstörung, weil er sich die letzen beiden Stunden im Bett nur noch hin- und hergewälzt hat. Wäre er jedoch nach dem Aufwachen aufgestanden, hätte er sich als frisch und ausgeruht erlebt.

Von Lerchen und Eulen
Im Kapitel über die zirkadianen Rhythmen haben wir schon einiges über die „innere Uhr" des Menschen erfahren (siehe Seite 16 ff.). Weil diese innere Uhr bei jedem Menschen etwas anders tickt, unterscheidet man verschiedene sogenannte „Chronotypen" (griechisch chronos = Zeit). Landläufig sind sie als „Frühaufsteher" und „Nachtschwärmer" bekannt, in der Schlafforschung bezeichnet man sie auch als „Lerchen" und „Eulen".
Der Typus „Eule" ist übrigens nicht unbedingt ein „Langschläfer", denn eigentlich schläft er nicht länger, sondern geht später zu Bett und steht demzufolge auch später auf. Unter den Frühtypen („Lerchen") gibt es ebenso viele Kurz- oder Langschläfer wie unter den Spättypen („Eulen").
Analog zu den Gewohnheiten der entsprechenden Vogelart sind die

Um die persönliche Schlafqualität zu erhöhen, sollte man herausfinden, welcher Schlaftyp man ist.

Beispiele aus der Geschichte

Churchill, Rockefeller, Edison oder Napoleon Bonaparte sollen mit vier bis sechs Stunden Schlaf ausgekommen sein. Der französische Kaiser vertrat die Ansicht, nur Kranke und Dummköpfe bräuchten mehr Schlaf. Hingegen sollen Einstein und Goethe, der den Schlaf als das „reinste Glück" beschrieb, jede Nacht zehn bis zwölf Stunden in ihrer Bettstatt verbracht haben. Angeblich verdanken sie dem langen Schlaf so manche ihrer kreativen Einfälle.

„Lerchen" und „Eulen" haben jeweils ihren eigenen Biorhythmus.

Lerchentypen die geborenen Frühaufsteher, die schon beim ersten Licht des Tages aktiv und munter sind. Den Typus „Eule" hingegen verkörpert der abend- und nachtaktive Mensch, der gern auch einmal als „Morgenmuffel" in Erscheinung tritt, wenn bei ihm der Wecker früh klingelt.

Wenn Eulentypen morgens um sieben Uhr aufstehen müssen, kommen sie nur schwer in Gang, sind schläfrig und in den ersten Stunden des Tages appetitlos. Dies liegt an dem engen Zusammenhang zwischen dem Schlaf-Wach-Rhythmus und dem Temperaturzyklus. Denn die Körpertemperatur der Eulentypen erreicht erst deutlich später ihr Maximum als die der Lerchentypen und fällt nur ganz allmählich ab. Das bedeutet, ihre Körpertemperatur ist morgens noch nicht wieder auf Aktivitätsniveau. Dafür sind diese Menschen bis spät am Abend noch munter und können konzentriert arbeiten, wozu die Lerchentypen besser am Vormittag in der Lage sind.

Salopp ausgedrückt könnte man sagen, die Eulentypen sind morgens noch nicht warmgelaufen und legen sozusagen einen „Kaltstart" hin. Lerchentypen haben das umgekehrte Problem am Abend, wenn ihre Temperaturkurve plötzlich in den Keller fällt und sie sich kaum noch zu Aktivitäten aufraffen können.

Da jeder seinen persönlichen Biorhythmus auf die äußeren Gegebenheiten abstimmen muss, kommt es zu unterschiedlichen Anpassungsmustern an den 24-Stunden-Tag. Dabei bestimmt das Erbgut des Menschen, zu welchem Chronotyp er tendiert. „Echte" Lerchen- oder Eulentypen sind selten. Die meisten von uns liegen in der Mitte zwischen diesen beiden Extremen.

Interessanterweise verändert sich der Chronotyp im Laufe des Lebens. Während Kinder meist zum frühen Aufstehen neigen, verändert sich dies während der Pubertät deutlich. Jugendliche durchleben in aller Regel eine Phase als Eulentyp: Sie verlagern ihren Einschlafzeitpunkt in die Nacht und schlafen zum Missfallen vieler Eltern, die dieses Verhalten oft als Faulheit missinterpretieren, gern länger, wenn es die Umstände zulassen. Nach dem 20. Lebensjahr

Eule oder Lerche?

Welcher Chronotyp Sie sind, können Sie beim Institut für Medizinische Psychologie München herausfinden. Auf der Webseite des IMP (www.imp-muenchen.de/?mctq) kann man einen Fragebogen ausfüllen, anhand dessen der individuelle Chronotyp ermittelt und ein persönliches Profil erstellt wird.

gibt es einen deutlichen Einschnitt und die Entwicklungsrichtung kehrt sich um. Grundsätzlich neigen die meisten Männer dazu, morgens etwas länger zu schlafen als die Frauen. Jedenfalls bis zum 50. Lebensjahr, wie die Wissenschaftler festgestellt haben. Bei Männern und Frauen über 50 gibt es diese Verschiebung nicht mehr, was die Forscher auf die veränderte hormonelle Situation im Alter zurückführen.

Zu welchem Chronotyp Sie tendieren, lässt sich durch Beobachten der Schlafgewohnheiten herausfinden. Wenn Sie z. B. an Ihren freien Tagen meist länger schlafen als an den Tagen, an denen Sie arbeiten müssen und sich an Montagen mit dem Aufstehen immer besonders schwer tun, selbst wenn Sie am Wochenende nicht gefeiert haben, so deutet dies darauf hin, dass Sie eher ein Spättyp (Eule) sind.
Frühtypen (Lerchen) hingegen verzichten lieber auf abendliche Aktivitäten wie Ausgehen, Kino oder Konzert und gehen stattdessen früh zu Bett. Dafür sind sie am nächsten Morgen bereits kurz nach dem Aufstehen voll einsatzbereit, während die Spättypen eher etwas länger brauchen, um in die Gänge zu kommen.

Die Bedeutung der Schlaffenster
Als „Schlaffenster" werden jene Zeiträume bezeichnet, in denen einer Person das Schlafen am leichtesten fällt. Diese „Schlaffenster" treten bei jedem Menschen ganz natürlich etwa alle vier Stunden auf, tagsüber typischerweise gegen neun, 13 und 17 Uhr, nach 21 Uhr kommt die große Nachtmüdigkeit. Entscheidender als die kleinen Tiefpunkte im Laufe des Tages sind aber das kleine Schlaffenster zur Mittagszeit (etwa 13 Uhr), während dem ein Mittagsschlaf sinnvoll sein kann, und das große Schlaffenster der Nacht, das für den Organismus besonders wichtig ist.
Hilfreich ist es, sich am Abend genau zu beobachten, um festzustellen, zu welcher Uhrzeit man beginnt, sich müde zu fühlen. Diese Phase sollte man nutzen, um schlafen zu gehen, sofern dies sinnvoll in den Tagesablauf passt. Verpasst man den Zeitpunkt, kann es sein, dass das Einschlafen schon wieder schwerer fällt. Durch eine möglichst regelmäßige Lebensweise bildet und festigt sich das wichtige abendliche Einschlaffenster. In dieser Zeitspanne von 30 bis 60 Minuten fällt es irgendwann sehr leicht einzuschlafen, wenn man seine Gewohnheiten beibehält. Wird dieses Einschlaffenster nicht beachtet, fühlt man sich bald wieder wacher.

Versuchen Sie, Ihre Schlaffenster richtig zu nutzen!

Regelmäßigkeit ist überhaupt ein bedeutender Schlüssel für das allgemeine Wohlbefinden. Auf Störungen antwortet der Organis-

mus nicht nur mit Schlafproblemen, sondern z. B. auch mit Verdauungsstörungen. Damit sich die verschiedenen biologischen Rhythmen sinnvoll aufeinander abstimmen können, sind regelmäßige Essens-, Einschlaf- und Aufstehzeiten ebenso wie Rituale überaus hilfreich (siehe Seite 48).

Was passiert, wenn wir schlafen?

„Der Schlaf heilt mir vieles" befand schon Goethe. Während des normalen und gesunden Schlafs laufen verschiedene unwillkürliche Vorgänge ab, die für das Wohlbefinden des Menschen von großer Bedeutung sind. Diese Vorgänge im Körper unterstützen uns bei der Pflege der eigenen Gesundheit und helfen, den neuen Tag ausgeruht, erholt und mit neuer Energie tatkräftig anzugehen. Während des Schlafs verarbeitet das Gehirn Gelerntes, sortiert und ordnet, speichert und löscht und die Entwicklung von Erinnerungen und neuen Einsichten wird vorbereitet.

Wer zu wenig schläft, kann sich nicht konzentrieren, die Aufmerksamkeit und Reaktionsfähigkeit nimmt ab. Andauernder Schlafmangel kann sich auch auf die Stimmungslage auswirken und das Risiko für bestimmte Erkrankungen wie Adipositas (Fettsucht), Diabetes, Herzkrankheiten und Infektionen erhöhen.

Der Schönheitsschlaf

Durch die Medien und die Werbung geistert immer wieder das Phänomen des Schönheitsschlafs. Dabei ist dieser Schlaf keine Erfindung pfiffiger Werbestrategen, denn es gibt ihn wirklich.

Während wir friedlich vor uns hin schlummern, regenerieren sich die Zellen unserer Haut. Dies ist nötig, damit die Haut elastisch bleibt.

Während die Haut tagsüber den eigenen Schutzfilm (Hydrolipidfilm) und die Quellfähigkeit der Hornschicht aufrechterhalten muss, um sich gegen schädliche Substanzen von außen zu schützen, werden in der Nacht tote Zellen abgestoßen und vor allem beschädigte Zellen repariert. Über eine verstärkte Durchblutung werden die feinen Gefäße in den Hautschichten vermehrt mit Nährstoffen versorgt und die Teilungsrate der Hautzellen steigt an. Studien zufolge ist die Durchlässigkeit der Haut für wasser- sowie fettlösliche Substanzen in den frühen Morgenstunden am größten.

Herz, Blutdruck und Körpertemperatur

Nach einem aktiven Tagesablauf kommt das Herz-Kreislauf-System während des Schlafs zur wohlverdienten Ruhe. Im Tiefschlaf (Non-REM-Phasen, siehe Seite 33 f.) verlangsamt sich der Rhythmus des Herzschlags allmählich und der Blutdruck sinkt. In den Traumphasen (REM-Phasen, siehe Seite 32) hingegen sind beim Herzschlag und Blutdruck wieder Zeichen gesteigerter Aktivität zu beobachten. Die Atmung wird unregelmäßig und es können Bewegungen der Gliedmaßen und Erektionen des Penis in dieser Phase auftreten. Insgesamt gesehen verringern sich aber trotz der Aktivitätsspitzen diese Werte im Schlaf um etwa zehn Prozent. Vor dem Erwachen steigt der Blutdruck langsam wieder an.

Die Körpertemperatur unterliegt ebenfalls dem 24-Stunden-Rhythmus. So sinkt sie während des Schlafens um ca. 1,5 Grad Celsius. Besonders während des sogenannten Traumschlafs kommt es zu großen Veränderungen bei der Körpertemperatur. Dies betrifft den Menschen ebenso wie alle anderen Säugetiere: In dieser Zeit sind sie kurzfristig quasi als wechselwarm zu bezeichnen. Zwischen drei und vier Uhr morgens ist die Körpertemperatur am niedrigsten.
Der enge Zusammenhang zwischen Körpertemperatur und Schlafzeit ist auch der Grund dafür, dass Menschen, die in Nachtschichten arbeiten, tagsüber nicht einfach den Schlaf nachholen können, da die Körpertemperatur zu hoch ist.

Schlafen Sie sich schlank

Die Steuerung von Appetit, Energieverbrauch und Gewichtskontrolle sind Prozesse, an denen Abläufe im Körper beteiligt sind, die sich nachts abspielen. So gehen die verschiedenen Schlafphasen mit Veränderungen des Blutzuckerspiegels einher. Außerdem steigt der Wert des Hormons Leptin, das den Stoffwechsel anregt und Hungergefühle unterdrückt.
So kann der Mensch nach Einbruch der Nacht, sofern er ruht, ohne Weiteres über einen längeren Zeitraum (bis zu zwölf Stunden und mehr!) ohne Nahrung auskommen. Tagsüber während der aktiven Zeit ist dies nur mit erheblicher Willenskraft zu bewerkstelligen. Dabei verbraucht der Organismus während der Nacht

Neue Untersuchungen bestätigen die Bedeutung der Erholungsprozesse im Körper, die sowohl auf geistiger wie auch auf körperlicher Ebene eine wichtige Rolle spielen.

kaum weniger Energie als tagsüber, wozu die beträchtliche Aktivität des Gehirns während der Traumphasen beiträgt.
Die Regulation des nächtlichen Energieverbrauchs ist also auch eine wichtige Aufgabe, die der Organismus im Schlaf erfüllt.

Gehirn

Früher nahm man an, im Gehirn gäbe es einen bestimmten Teil, das sogenannte Schlafzentrum, das für die Regulation des Schlafs beim Menschen zuständig sei. Vielmehr scheint es jedoch so zu sein, dass das Schlafverhalten durch das Zusammenspiel mehrerer Hirnregionen gesteuert wird. So werden durch verschiedene komplizierte Steuerungsvorgänge das Nervensystem und das Hormonsystem angeregt bzw. blockiert.
Einen bedeutenden Anteil an der Steuerung des Schlafs hat der sogenannte Hypothalamus (griechisch hypó = darunter, unten, unterhalb; thálamos = Kammer), der im Zwischenhirn liegt. Er reguliert die Funktionen des vegetativen Nervensystems und des Hormonsystems. Der Hypothalamus ist auch Impulsgeber für lebenswichtige Triebe wie Überleben und Fortpflanzung, er steuert Hunger, Durst und Gefühlsregungen sowie das Schlaf-Wach-Verhalten und reguliert die Körpertemperatur und den Kreislauf. Das Organ tauscht außerdem Informationen und Hormone mit der Hypophyse (Hormondrüse im Gehirn) aus. Außerdem vermitteln zahlreiche Nervenbahnen Informationen aus allen Regionen des Körpers an den Hypothalamus wie an eine Art Leitstelle – das Organ koordiniert somit sämtliche Gehirn- und Körperfunktionen.

Vegetatives Nervensystem

Das menschliche Nervensystem lässt sich in ein somatisches (den Körper betreffend) und ein vege-

Warum sind wir nachts nicht hungrig?

Dafür sorgen bestimmte Hormone wie der Appetitzügler Leptin, dessen Produktion während des Schlafs ansteigt. Sein Gegenspieler ist das Hormon Grehlin, welches appetitanregend wirkt und dessen Wirkung vorherrscht, sobald der Schlaf unterbrochen wird. Deshalb kommt es bei Personen mit krankhaften Schlafstörungen oftmals zum nächtlichen Kühlschrankbesuch.
In Studien konnte der Zusammenhang von Übergewicht und Schlafmangel belegt werden. Je weniger die Testpersonen schliefen, desto stärker wurde ihr Bedürfnis nach hochkalorischen und kohlenhydratreichen Lebensmitteln. Auch hier gilt die Empfehlung von sieben bis acht Stunden Schlaf pro Nacht!

tatives (lateinisch vegetare = in Bewegung setzen; beleben) Nervensystem unterteilen.

Das vegetative Nervensystem ist ein weitverzweigtes Geflecht aus Nervenfasern und Nervenzellen. Diese leiten Reize in die Muskulatur der Eingeweide, des Herzens und der Geschlechtsorgane sowie in Sinnesorgane, Drüsen und Blutgefäße.
Das vegetative Nervensystem wird aus zwei Anteilen gebildet, dem Sympathikus und dem Parasympathikus. Die Arbeitsweise der beiden verschiedenen Anteile ist antagonistisch, d. h., sie wirken einander entgegen. Vereinfacht formuliert ist der Sympathikus für Stress und Anspannung zuständig, der Parasympathikus sorgt hingegen für Ruhe und Erholung. Während der parasympathische Teil Verdauung und Schlaf stimuliert und so den Organismus eher beruhigt, versetzt der sympathische Teil den Körper in Aktivitäts- und Bewegungsbereitschaft, quasi in Stress, einst wichtig für das Jagd- und Fluchtverhalten des Menschen. Ist der Sympathikus aktiv, pumpt das Herz schneller und kräftiger und die Atemwege erweitern sich.
Während des Schlafs überwiegt die Tätigkeit des parasympathischen Teils des vegetativen Nervensystems und die Aktivität der meisten Körperfunktionen ist reduziert.

Der Hormonhaushalt
Hormone sind chemische Botenstoffe, die mithilfe eines komplexen Kommunikationsnetzwerks im Körper alle wichtigen Funktionen kontrollieren. So nehmen sie z. B. Einfluss auf Stoffwechsel, Schlaf, körperliches und seelisches Wohlbefinden, Hunger, Durst, Sexualität und Wachstum.

Manchmal wird das vegetative Nervensystem auch als autonomes Nervensystem bezeichnet, weil es weitgehend ohne Koordination durch die Großhirnrinde, also ohne bewusste Steuerung durch den Menschen funktioniert (griechisch autos = selbst; nomos = Gesetz – nach eigenen Gesetzen).

Zink und Vitamin B6 unterstützen die Infektabwehr und werden zur Bildung von Serotonin benötigt, das für den Schlaf eine wichtige Rolle spielt.

Die vom Hirnstamm ausgehende Steuerung der beiden Schlafzustände (REM-Schlaf und Non-REM-Schlaf, siehe Seite 32 ff.) erfolgt unter der Beteiligung von Botenstoffen wie Dopamin, Noradrenalin und Serotonin. Dies sind allesamt Produkte des Gehirns, die wichtige Aufgaben bei der Informationsübertragung zwischen den Nervenzellen übernehmen.

Der zirkadiane Rhythmus von 24 Stunden wird im Wesentlichen von zwei Gehirnzentren koordiniert: der Zirbeldrüse (Epiphyse) und dem Nucleus suprachiasmaticus (SCN; lateinisch nucleus = Kern, im biologischen Sinn Zell- oder Nervenkern; supra = oberhalb; griechisch chiasma = Kreuzung), einer Schaltstelle der Sehbahn im Bereich des Hypothalamus. Der SCN ist eine Art Zeitzentrale, die „innere Uhr" eines jeden Menschen.

Lichtreize von der Außenwelt werden von der Netzhaut des Auges aufgenommen und über die Sehnerven an den SCN weitergeleitet. Sobald es dunkel wird, gibt dieser die Informationen an die Zirbeldrüse weiter, welche die Produktion des Schlaf anstoßenden und stimmungsverflachenden Hormons Melatonin beginnt. Gleichzeitig werden die vom Hy-

pothalamus produzierten und anregenden Hormone Histamin und Orexin (steigert die Aufmerksamkeit) reduziert.
Fällt morgens Licht in die Augen, leitet der SCN ab einer bestimmten Helligkeit diese Informationen an die Zirbeldrüse weiter und die Melatoninproduktion wird wieder gestoppt.

Als einen weiteren möglichen Auslöser für Müdigkeit haben die Schlafforscher das Gefäß erweiternde Hormon Adenosin ausgemacht, was als Bestandteil von Adenosintriphosphat (ATP) als ein wichtiges Molekül zur Energieübertragung im Stoffwechsel aller Lebewesen gilt. Wie auch beim Kortisol sinkt dessen Anteil im Blutserum während des Schlafens und steigt kurz vor dem Aufwachen wieder an.

Die Zusammenhänge zwischen Hormonen und Schlaf sind zwar noch nicht vollständig erforscht, man vermutet jedoch z. B., dass das „Glückshormon" Serotonin auch eine wichtige Rolle beim Eintritt in den Schlaf spielt.

Mütter und Großmütter geben ihren kleinen Kindern gern auf den Weg: „Um groß und stark zu werden, musst du viel schlafen!" Diese alte Weisheit ist nicht völlig aus der Luft gegriffen, denn im Tiefschlaf werden vermehrt Wachstumshormone freigesetzt, die besonders für das Längen- und Muskelwachstum von Kindern wichtig sind. So nimmt die Menge des als „Stresshormon" bekannten Hormons Kortisol, das von der Nebennierenrinde ausgeschüttet wird, beim Schlafen ab, während der Anteil an Wachstumshormonen im Blut ansteigt. Kurz vor dem Ende des Schlafs verändert sich der Hormonspiegel wieder: Der Kortisolspiegel steigt an und gelegentliche Körperbewegungen sind zu beobachten.

Die während des Schlafens ausgeschütteten Hormone werden für die Erneuerung der Zellen benötigt.

Um Kindern die Notwendigkeit des Schlafens zu erklären, wird auch oftmals das Argument vorgebracht, dass Schlaf hilft gesund zu bleiben bzw. schnell wieder gesund zu werden. Auch diese Aussagen sind richtig, denn während des Schlafens produziert der Körper bestimmte Hormone, sogenannte Zytokine (Botenstoffe des Abwehrsystems: z. B. Interferon,

Einschlafposition

Neben dem Melatonin (gesteuert durch Abnahme des Tageslichts) ist das „Schwenken in eine horizontale Lage" für Müdigkeit von Bedeutung – viele Menschen werden schläfrig oder schlafen ein, wenn sie am frühen Abend im Liegen lesen, nicht aber, wenn sie dabei sitzen.

Lymphokin), die das Immunsystem zur Bekämpfung von Infektionen stimulieren. Das Hormon Melatonin ist verantwortlich für die Abwehr von Krebszellen während der ersten Schlafhälfte. Schlafmangel kann also dazu führen, dass die Immunantwort des Körpers auf gewöhnliche Infektionen wie Erkältungen, die normalerweise abgewehrt würden, nicht ausreicht und sich ein Krankheitsbild entwickelt.
Schlaf hat ebenfalls einen Einfluss auf die Sexualhormone, welche die Pubertät und die Fruchtbarkeit steuern.

Die verschiedenen Schlafphasen

Man unterscheidet zwei Arten von Schlaf, den REM-Schlaf oder auch Traumschlaf und die vier Phasen des Non-REM-Schlafs.
Während des Traumschlafs erholt sich das Gehirn (der Geist) und in den Tiefschlafphasen (Stadium 3 und 4 des Non-REM-Schlafs) regeneriert der Körper.

REM-Schlaf

Der Begriff REM-Schlaf (englisch rapid eye movement = schnelle Augenbewegung) beschreibt die während dieser Schlafphase zu beobachtenden schnellen Hin- und Herbewegungen der Augen hinter den geschlossenen Lidern. In dieser Phase des Schlafs findet eine weitgehende Muskelentspannung statt, wobei zeitweise eine völlige Bewegungsunfähigkeit von Armen und Beinen möglich ist („Lähmung“). Die Aktivität des Gehirns hingegen nimmt oft stark zu, da hier wichtige Prozesse ablaufen: das Ordnen und Speichern von Erinnerungen, die Festigung bereits bekannter Gedächtnisinhalte und das Lernen. Auch Puls und Atmung werden unregelmäßig und der Blutdruck steigt an. Aus diesem Grund wird diese Schlafphase auch paradoxer Schlaf genannt, da die Entspannung der Muskeln mit einer erhöhten Aktivität in anderen Körperfunktionen einhergeht.
Während des REM-Schlafs finden auch die meisten Träume statt, vor

In der REM-Phase werden die Erlebnisse des Tags verarbeitet und abgespeichert.

Schlafforscher

Der Urvater der modernen Schlafforschung, der in Russland geborene und während des Ersten Weltkriegs in die USA emigrierte Nathaniel Kleitman, interessierte sich in den 1960er-Jahren erstmals für die Bewegungen der Augen im Schlaf. Einer seiner Studenten, William Dement, untersuchte das Phänomen der raschen Augenbewegungen systematisch. Er gilt heute als einer der Pioniere der modernen Schlafforschung.

Aktivitäten im Gehirn

Das Gehirn bleibt während des Schlafs aktiv und zeigt während jeder Schlafphase ein typisches Muster an elektrischer Aktivität, die sogenannten Hirnwellen. Diese Aktivität der Hirnareale lässt sich mittels eines EEG (Elektroenzephalografie) grafisch darstellen.
Über Elektroden, die auf der Schädeldecke angebracht werden, lässt sich die elektrische Aktivität des Gehirns erfassen.
Das EEG ist ein wichtiges diagnostisches Hilfsmittel in der Medizin und wird häufig zur Abklärung von Krankheiten wie der Epilepsie eingesetzt, da man anhand der aufgezeichneten Kurven Rückschlüsse auf die geschädigten Hirnareale ziehen kann. In der Forschung ließen sich durch Auswertungen einer Vielzahl nächtlicher EEG-Ableitungen wichtige Erkenntnisse über das Wesen des Schlafs gewinnen.
Die aufgezeichneten Kurven zeigen einen unterschiedlichen Verlauf, sodass man mehrere „Wellen" voneinander unterscheiden kann. Man benannte diese Wellen nach Buchstaben des griechischen Alphabets. Die typischen Alphawellen mit acht bis zwölf Schwingungen pro Sekunde sind bei einem Erwachsenen im entspannten Wachzustand zu beobachten. Im Schlaf hingegen verändern sich diese Wellen in einem kontinuierlichen Prozess immer nach dem gleichen Muster.

Bei einem EEG werden dem Patienten ca. 20 Elektroden auf die Kopfhaut gesetzt. Normalerweise dauert eine solche Untersuchung ca. 30 Minuten.

allem die typischen lebendigen und komplexen Träume, weshalb diese Schlafart auch Traumschlaf genannt wird.
Kommt es zu Unterbrechungen des REM-Schlafs während einer Nacht, verlängert sich der Bedarf an Schlafzeit in der REM-Phase in den Folgenächten.

Die Phasen des Non-REM-Schlafs

Der orthodoxe oder Non-REM-Schlaf wird anhand einiger veränderlicher Merkmale in vier Stadien eingeteilt.
Stadium 1: Zunächst beginnt der Schlaf ohne REM-Phasen. In diesem Einschlafstadium, einer Übergangsphase zwischen Wachen und Schlafen, schläft man nur oberflächlich und ist jederzeit durch Geräusche oder Störungen leicht zu erwecken. Die Augen bewegen sich pendelnd und nur langsam, die gesamte Körpermuskulatur entspannt sich allmählich. Unregelmäßige, kurze und schnelle Wellen mit vier bis sechs Schwingungen pro Minute im EEG lösen die Alphawellen der entspannten Wachphase ab.
Stadium 2: Vom Wachzustand bis zum Tiefschlaf dauert es durchschnittlich 35 bis 40 Minuten.

Man hat festgestellt, dass Kinder, die Schlafwandler oder Bettnässer sind, dies bevorzugt in den Stadien 3 und 4 des Non-REM-Schlafs tun.

Schon innerhalb weniger Minuten geht der leichte Schlaf (Stadium 1) ins Stadium 2 des Non-REM-Schlafs über, genau zu dem Zeitpunkt, an dem die Augenbewegungen ganz aufhören.
Diese zweite Phase eines leichten aber schon richtigen Schlafs ist im EEG gekennzeichnet durch ein bestimmtes Muster langsamerer und höherer Gehirnwellen mit gelegentlichen Ausbrüchen schnell aufeinanderfolgender und ausgeprägter Schwingungsweite mit 13 bis 15 Ausschlägen pro Sekunde. Die gelegentlich auftretenden, schnelleren Wellen werden als „Schlafspindeln" bezeichnet. Vereinzelt kommt es im EEG auch zu hohen und langsamen Ausschlägen, den sogenannten K-Komplexen.
Stadium 3 und 4: In Phase 3 nimmt die Frequenz der Gehirnwellen weiter ab und es treten die ersten Deltawellen mit einer Frequenz von 0,5 bis 2,5 Schwingungen je Sekunde in Erscheinung, die schließlich ab Stadium 4 die Tiefschlafphase dominieren. Die Stadien 3 und 4 gelten als die eigentliche Tiefschlafphase – versucht man in dieser Phase einen Menschen zu wecken, gelingt das nur schwer. In der Zeit des Tief-

Erholung pur

Tiefschlafphasen sind wichtig für die Erholung des Körpers. Durch die Ausschüttung bestimmter Substanzen ist das Immunsystem in der Lage, sich zu regenerieren. Bei einem gestörten Schlaf steigt daher die Anfälligkeit für Infektionserkrankungen.

<table>
<tr><th colspan="3">Die verschiedenen Schlafphasen</th></tr>
<tr><th></th><th>Non-REM-Schlaf</th><th>REM-Schlaf</th></tr>
<tr><td>Stadium 1</td><td>• Oberflächlicher Schlaf
• Leicht zu erweckben
• Nachlassende Muskelaktivität
• Langsame Augenbewegungen</td><td rowspan="4">• Erstes Auftreten nach etwa eineinhalb Stunden nach Schlafbeginn
• Wechselt sich im Laufe der Nacht mehrfach mit den Non-REM-Phasen ab
• Augen bewegen sich schnell unter den geschlossenen Augenlidern
• Atmung ist beschleunigt, unregelmäßig und flach
• Herzfrequenz und Blutdruck steigen an
• Traumphasen setzen ein
• Bewegungsunfähigkeit von Armen und Beinen möglich</td></tr>
<tr><td>Stadium 2</td><td>• Keine Augenbewegungen mehr
• Langsamere Gehirnwellen mit kurzen Phasen stärkerer Aktivität</td></tr>
<tr><td>Stadium 3</td><td>• Eintritt in die Tiefschlafphase
• Weitere Verlangsamung der Gehirnwellen
• Erste Deltawellen</td></tr>
<tr><td>Stadium 4</td><td>• Schwer zu erwecken
• Überwiegend Deltawellen</td></tr>
</table>

schlafs erholt sich der Körper. Um ausgeruht und mit frischen Energien den neuen Tag zu beginnen, ist diese Phase von entscheidender Bedeutung. Nach dem Ende von Tiefschlafphasen kommt es gelegentlich zu Körperbewegungen, die aber nach wenigen Minuten wieder aufhören. Der Ruhende setzt seinen Schlaf dann im Stadium 2 fort.

Beinahe die Hälfte der gesamten Schlafzeit verbringt ein Erwachsener in Stadium 1 und 2 der Non-REM-Phasen. Während Neugeborene noch bis zur Hälfte ihrer gesamten Schlafzeit in REM-Phasen verbringen, nimmt dieser Anteil bereits in den ersten Lebensmonaten ab. Bei Kleinkindern zwischen dem zweiten und dritten Lebensjahr ist er schon auf etwa 25 Prozent des Gesamtschlafs abgesunken, was annähernd dem Anteil bei Erwachsenen entspricht. Auch bei Säuglingen und Kleinkindern ist es bereits so, dass die Tiefschlafphasen zu Beginn der Nachtruhe vorherrschen.

Schlafzyklen

Während des Schlafens wird der Non-REM-Schlaf also immer wieder von REM-Phasen oder Traumschlafphasen abgelöst. Dieser REM-Schlaf tritt das erste Mal etwa eineinhalb Stunden nach Schlafbeginn auf. Obwohl das EEG einer solchen Schlafphase und das EEG des Stadiums 1 des Non-REM-Schlafs ähnliche Kur-

Die Schlafzyklen

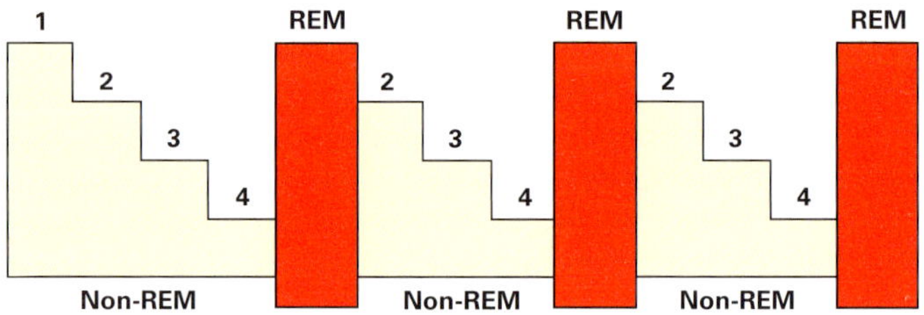

Wie ausgeruht man sich nach dem Schlaf fühlt, hängt nicht allein von seiner Dauer ab, sondern auch davon, welchen zeitlichen Anteil die verschiedenen Schlafstadien haben.

ven aufweisen, schläft man dennoch tief und fest.

Eine Traumschlafphase (REM-Phase) wird von der nächsten Non-REM-Phase ab Stadium 2 abgelöst und mit den Stadien 3 und 4 fortgesetzt.
Über einen kompletten Nachtschlaf kann man vier bis fünf solcher Zyklen à etwa 90 Minuten unterscheiden. Ein Schlafzyklus besteht also aus der Abfolge mehrerer Non-REM-Phasen mit einer REM-Phase.

Anfangs sind die Tiefschlafphasen sehr ausgeprägt. Bei den letzten Zyklen treten sie immer weniger in Erscheinung, während der Anteil der REM-Phasen deutlich zunimmt. Die Dauer einer solchen Traumphase liegt zwischen zehn und 50 Minuten. Die Zeitspanne des Tiefschlafs liegt zwischen 30 und 60 Minuten in der ersten Schlafperiode. In der letzten Schlafperiode erstrecken sich die Tiefschlafphasen nur noch über wenige Minuten.
Den Ablauf dieser Zyklen kann man sich gut in Form einer Treppe vorstellen (siehe oben stehende Abbildung).

Träume

Träume haben auf den Menschen seit jeher eine besondere Faszination ausgeübt. Wenn wir an Träume denken, verbinden wir inhaltlich zuallererst das Fantastische und Verrückte, das Unvorstellbare und oft Gewünschte. Aber was ist eigentlich ein Traum?

Bei einem Traum handelt es sich um eine Leistung unseres Gehirns, die ausschließlich während des Schlafens stattfindet. Jeder Mensch träumt, auch wenn diese Träume den meisten Menschen nicht bewusst werden und ihre Inhalte im Verborgenen bleiben.

Während der Körper ruht und die Muskulatur total erschlafft, ist der Geist sehr aktiv.

In der Phase der schnellen Augenbewegungen, die den REM-Schlaf kennzeichnen, wird häufig geträumt. Die Aufzeichnung der Gehirnströme (EEG) in dieser Zeit ähnelt der Situation im Wachzustand. Dennoch unterscheiden sich die Prozesse des Träumens auf geistig-seelischer Ebene deutlich vom Prozess des Denkens im wachen Zustand. Paradoxien und Unmöglichkeiten sind im Traum keine Seltenheit. Das im Traum Erlebte wirkt oftmals zusammenhanglos und zerrissen, häufige Szenenwechsel sind üblich. Der Träumende bereist z. B. unbekannte Länder, hat außergewöhnliche Fähigkeiten oder begegnet Verstorbenen.

Gelegentliches Aufwachen ist normal!

Viele Menschen wachen nachts ab und zu auf und meist werden diese kurzen Wachphasen überhaupt nicht bewusst wahrgenommen. Ein gelegentliches, kurzes Aufwachen während der Nacht ist durchaus nicht ungewöhnlich, sofern man wenig später wieder einschläft.

Diese besonderen Eigenschaften von Träumen inspirierten schon in vergangenen Jahrhunderten die Menschheit zu Spekulationen über die Bedeutung des Traumgeschehens und wie dieses zu interpretieren sei. So glaubte man in

Die typische Nacht eines gesunden Schläfers

Andrea hat einen anstrengenden Arbeitstag hinter sich. Sie schaut noch etwas fern und geht danach wie jeden Abend noch kurz mit ihrem Dackel Felix Gassi. Um 22.15 Uhr begibt sie sich nach dem Körperpflegeritual und einem Fußbad zu Bett. Sie liest noch ein Kapitel in einem Roman und löscht gegen 23 Uhr das Licht.

Sie registriert die zunehmende Entspannung ihres Körpers nur noch am Rande, döst langsam ein, wacht vielleicht von Muskelzuckungen kurz auf und schläft wieder ein. Der Übergang vom Wach- in den Schlafzustand ist demnach fließend und von einem Auf und Ab geprägt, bis man normalerweise nach ca. zehn bis 15 Minuten im Tiefschlaf versinkt.

Während der Körper völlig ruhig im Bett liegt, bleibt das Gehirn aktiv. Doch die Art der Hirnströme hat sich verändert. Im EEG sind statt der wachtypischen Alphawellen nun langsame und große Wellen zu beobachten. Gelegentlich wird Andrea auch wach, schläft aber gleich wieder ein, weshalb sie meist gar nichts von dieser kurzen Störung bemerkt. Dieses kurze Aufwachen während der Leichtschlafphasen ist ganz normal und kann bis zu 28-mal in jeder Nacht vorkommen.

Der gesamte Körper des Menschen durchläuft im Laufe einer Nacht zahlreiche Veränderungen.

Nach etwa zwei Stunden tritt eine Veränderung ein. Die eben noch ruhenden Augen rollen plötzlich wie wild hin und her, das Herz schlägt viel schneller. Das ist kein Anlass zur Beunruhigung, denn Andrea hat ihren ersten Traum in dieser Nacht (erste REM-Phase). Das Gehirn zeigt ein ähnliches Aktivitätsmuster wie tagsüber. Ihre Muskeln hingegen sind völlig entspannt und das ist auch gut so. Durch die „Lähmung" des Körpers wird nämlich verhindert, dass Andrea um sich schlägt oder aus dem Bett fällt.

Einige Minuten später ist der Traum vorbei und Andrea sinkt erneut in einen Tiefschlaf. Dieser Vorgang ähnelt dem Einschlafen. Diese Zyklen sich ablösender Tiefschlaf- und Traumphasen wiederholen sich vier- bis sechsmal im Laufe einer Nacht.

Die Nacht ist gerade einmal zur Hälfte um, es ist gegen drei Uhr morgens, da stellt sich Andreas Körper schon langsam auf das morgendliche Aufwachen ein, indem er vermehrt das Stress- und Aktivitätshormon Kortisol ausschüttet und die Körpertemperatur um ein halbes Grad von 36 auf 36,5 Grad Celsius ansteigt.

Je näher der Morgen rückt, umso leichter wird der Schlaf. Andrea würde jetzt von Geräuschen aufgeweckt. Um sieben Uhr klingelt Andreas Wecker. Noch schläfrig, aber ausgeruht, räkelt sie sich und begibt sich ins Badezimmer. In einer halben Stunde wird sie munter und tatendurstig sein.

Sigmund Freud

Einer der wohl bekanntesten Wissenschaftler, die sich mit dem Phänomen des Träumens beschäftigt haben, war der österreichische Arzt und Neurologe Sigmund Freud (1856–1939), der als der Begründer der Psychoanalyse gilt.

Bei seiner Beschäftigung mit der Bedeutung von unbewussten Prozessen ging Freud auch der Frage der Traumdeutung nach, was ihn zu seinen Theorien der kindlichen Sexualität und des Ödipuskomplexes (erotische Bindung des Kinds an das andersgeschlechtliche Elternteil) führte. Sein wichtigstes Werk („Die Traumdeutung", 1900) bildet die theoretische Grundlage für die spätere Lehre und Praxis der Psychoanalyse.

Freud beschrieb den Traum als einen geistig-psychischen Vorgang, der sich vom Denken im Wachzustand stark unterscheidet. Der Traum sei von einem „Primärprozess" geprägt, aus dem Unterbewusstsein kommenden Gefühlswechseln und besonders von aus der Kindheit stammenden sexuellen und aggressiven Inhalten beeinflusst.
Freud hat in diesem Zusammenhang während einer Selbstanalyse über den Zeitraum von drei Jahren auch zahlreiche eigene Träume analysiert.
Allerdings bleiben Freuds Theorien bis in die heutige Zeit hinein umstritten.

der Antike, aus Erträumtem Prophezeiungen ableiten zu können.
Warum wir träumen und welche Bedeutung die REM-Phasen letztlich haben, ist Gegenstand der aktuellen Forschung und noch nicht genau bekannt. Gesichert scheint, dass der REM-Schlaf bestimmte Hirnregionen stimuliert, die für Prozesse wie Lernen und Behalten von Bedeutung sind. Studien, mit Tieren legen nahe, dass Träume möglicherweise Aktivitäten wie die Speicherung von tagsüber aufgenommenen Informationen widerspiegeln.

Zweifelsohne sind unsere Träume wichtig und notwendig für die geistige Gesundheit, denn sie bieten Geist und Seele die Möglichkeit der Erholung. Allerdings sollte man die Trauminhalte nicht überbewerten und nicht versuchen, die darin enthaltenen Aussagen als Grundlage für Entscheidungen heranzuziehen oder über deren Bedeutung ins Grübeln geraten.
Träume „passieren" im Zusammenhang mit Funktionen des Schlafs (wie „Aussortieren" überflüssiger Eindrücke und Speichern wichtiger Erinnerungen)

Aus Trauminhalten lassen sich keine Handlungsrichtlinien für den Alltag ableiten!

In einem psychotherapeutischen Prozess können Träume allerdings als Zugang zum Unbewussten sinnvoll genutzt werden.

und haben ihre Aufgabe damit schon erfüllt. Träume, an die man sich erinnern kann, sind zufällig ins Bewusstsein geraten. Daher die Empfehlung: das Geträumte zur Kenntnis nehmen, vielleicht ein bisschen schmunzeln und abhaken.

Weltmeister im Träumen

Die Schnabeltiere, eine in Australien heimische Säugetierart, die wie eine Kreuzung aus Biber und Ente aussieht, verbringen bis zu 60 Prozent ihrer Schlafenszeit in REM-Phasen. Damit übertrifft das Schnabeltier an Traumphasen nicht nur den Menschen (25 Prozent), sondern auch alle anderen Säugetiere. Da es als primitiver Säuger gilt, dessen Geschichte bis in die Urzeit zurückreicht, vermuten die Forscher, dass auch die Geschichte des REM-Schlafs über 250 Millionen Jahre zurückreichen könnte und schlussfolgern weiterhin, dass er als eine lebensnotwendige, primitive Gehirnfunktion seinen Anfang nahm. Früher hatte man angenommen, dass nur bei höher entwickelten Säugetieren im Schlaf REM-Phasen auftreten.

Historischer Hintergrund und aktuelle Irrtümer

Das Thema Schlaf in der Geschichte

Im Laufe der Jahrhunderte haben sich immer wieder Denker und Wissenschaftler mit dem Phänomen des Schlafs befasst. Der deutsche Begriff „Schlaf" kommt aus dem Altgermanischen und bedeutet soviel wie „schlapp" oder „schlaff". Tatsächlich kommt der Erschlaffung der Muskulatur im Schlaf eine besondere Bedeutung zu und dient als ein Merkmal zur Bestimmung der Schlafstadien (siehe Seite 32 ff.).

Bis in die Gegenwart umgibt den Schlaf für viele Menschen der Ruf des Unheimlichen, der Schutzlosigkeit und des Ausgeliefertseins. Auch heute noch spricht so mancher vor dem Einschlafen ein Gebet. In der römischen Antike verglich man die Ruhe des Schlafs mit dem Tod. Aber auch des Segens einer erholsamen Nachtruhe war man sich damals schon bewusst. Der spanische Schriftsteller und Staatsdiener Miguel de Cervantes-Saavedra sinniert über das Wesen des Schlafs: „Heil dem Mann, der den Schlaf erfand, diesen Mantel, der alle Sorgen zudeckt, – diese Speise, die den Hunger stillt, – diesen Trunk, der den Durst vertreibt".

Anderes Schlafverhalten in der heutigen Zeit

Im Laufe der letzten 200 Jahre gab es vor allem auf gesellschaftlicher Ebene einige Veränderungen, welche die Schlafqualität mit beeinflussten. So haben sich die Arbeitsbedingungen im Informationszeitalter deutlich gewandelt, von ehemals vorwiegend körperlichen Tätigkeiten hin zu meist sitzenden Beschäftigungen (z. B. in den Bereichen Steuerung, Überwachung, Transport oder Informationstechnologie). Besonders die Zahl der Computerarbeitsplätze hat stark zugenommen.

Auch werden an die Beschäftigten hohe Anforderungen hinsichtlich Aufnahmefähigkeit und Konzentration sowie Aufmerksamkeit gestellt. Außerdem sind in der modernen Arbeitswelt dauernde Lernprozesse nötig.

Der Schlaf im wissenschaftlichen Sinn

Die Wissenschaft definiert den Schlaf als einen physiologischen Erholungszustand des gesamten Organismus, der üblicherweise nachts und regelmäßig auftritt. Kennzeichnend sind eine Veränderung der Bewusstseinslage, d. h. spontane Reaktionen wie Bewegungen treten kaum auf und

Die Schlafgewohnheiten der Menschen haben sich im Laufe der Jahrhunderte immer wieder verändert.

Das Phänomen Schlaf und alles, was währenddessen mit Körper und Geist geschieht, beschäftigt die Wissenschaft schon seit langer Zeit.

auch die Reaktion auf äußere Reize ist stark herabgesetzt. Der Schlafende kann jedoch stets geweckt werden, was den Zustand des Schlafs vom Koma oder der Narkose unterscheidet. Aufgrund veränderter Aktivitäten der Großhirnrinde kommt es außerdem zu einem Verlust der Orientierung in der Schlafphase, die aber auch kurzfristig nach dem Aufstehen weiter bestehen kann.

Obwohl wir ungefähr ein Drittel unserer Lebenszeit schlafend verbringen, weiß man immer noch verhältnismäßig wenig über die genauen Abläufe im Körper und ihre Bedeutung während des Schlafs. Aber die Wissenschaftler werden sich der Bedeutung des Themas zunehmend bewusst und die Forschung in den vergangenen Jahrzehnten hat eine Menge neuer Erkenntnisse zutage gebracht.

Die häufigsten Mythen und Irrtümer über den Schlaf

Wenn es um das Thema Schlaf geht, kursieren immer wieder eine Reihe Volksweisheiten und vermeintlicher Erkenntnisse, deren Wahrheitsgehalt oft genug zu wünschen übrig lässt. Im Folgenden soll mit den gängigsten Irrtümern aufgeräumt werden.

Jede Nacht muss man acht Stunden schlafen

Die Schlafbedürfnisse der Menschen sind so verschieden wie die Menschen selbst. Während der eine mit sechs Stunden gut zurecht kommt, eventuell ein kurzes Mittagschläfchen hält und sich wohl damit fühlt, schlafen andere acht Stunden oder mehr. Hier gibt es kein richtig oder falsch.

Hinweise auf die Lebenserwartung und eine gute Gesundheit bei einer idealen Schlafdauer sind rein statistische Werte und nicht auf jeden Einzelfall übertragbar. Sie können aber als wichtige Ratschläge dienen, um eine generelle Orientierung zu ermöglichen und zu verdeutlichen, was den meisten Menschen gut tut. Wie bereits erwähnt ist die Qualität des Schlafs wichtiger als die Schlafdauer.

Reduzierung der üblichen Schlafdauer um eine Stunde hat keinen Einfluss auf das Wohlbefinden

Der Organismus weiß meist genau, was gut für ihn ist. Willkürlich weniger zu schlafen, obwohl man eigentlich mehr schlafen würde, ist auf gar keinen Fall zu empfehlen. Zwar mag es sein, dass man tagsüber nicht einschläft, aber dauerhaft praktiziert leiden die Reaktionsfähigkeit, das Denk- und Lernvermögen sowie der Energiehaushalt des Körpers. Das Herz-Kreislauf-System wird ebenso belastet wie die Immunabwehr. Unter Umständen baut sich im Lauf der Zeit ein Schlafdefizit mit der Folge einer ausgeprägten Tagesmüdigkeit auf.

Wenn man gesund ist, schläft man durch

Bei allen Menschen kommt es immer wieder im Laufe einer Nacht zu kurzen Wachphasen, die ganz normal sind, sofern sie eine Zeitdauer von maximal vier Minuten nicht überschreiten. Bis zu 28-mal in einer Nacht können solche kurzen Wachphasen auftreten, im fortschreitenden Alter werden sie häufiger.

Da eine solche Wachphase meist weniger als eine Minute dauert, werden sie nur in seltenen Fällen bewusst wahrgenommen. Manche Menschen registrieren jedoch diese Momente und interpretieren sie fälschlicherweise als anhaltende Schlaflosigkeit. So bemerken sensible Menschen gelegentlich in Leichtschlafphasen ihre Gehirnaktivität und bewerten dies irrtümlicherweise als Wachphase.

Im Schlaf laufen Geist und Körper auf Sparflamme

Kein Organ stellt während des Schlafens den Betrieb ein. Manche Körperfunktionen sind in der Nacht aber aktiver als andere, wichtige hormonelle Prozesse laufen ab und auch das Gehirn ist überaus aktiv (z. B. Lernen und Gedächtnis).

Die Erholungsphase Schlaf lässt sich auch als Reparaturphase des Körpers bezeichnen.

Der Körper benötigt immer eine gewisse Zeit, bis er sich an einen veränderten Schlaf-Wach-Rhythmus angepasst hat. Während dieser Phase ist man häufig weniger leistungsfähig und unkonzentriert.

Der Körper passt sich äußerst schnell an unterschiedliche Schlafrhythmen an

Der Mensch gehört evolutionsbedingt zu den tagaktiven Lebewesen. Dementsprechend ist unser Körper tagsüber auf Bewegung und Beschäftigung ausgerichtet, wohingegen er in der Nacht naturgemäß müde und schlapp reagiert. Dies ist selbst dann der Fall, wenn jemand in der Nachtschicht arbeitet.

Anpassungsprozesse benötigen deshalb immer eine bestimmte Zeit. Welche Auswirkungen ein irritierter Schlaf-Wach-Rhythmus hat, kann jeder leicht nachvollziehen, der schon einmal nach einer Reise in eine andere Zeitzone einen Jetlag erlebt hat.

Je älter man ist, desto weniger Schlaf benötigt man

Früher war man der Ansicht, ältere Menschen würden weniger Schlaf benötigen. Tatsächlich verkürzt sich die nächtliche Schlafdauer bei einigen älteren Menschen. Allerdings kommt es bei diesen meist zu einer Phasenverschiebung, denn ein Mittagsschläfchen gleicht die kürzere Nachtruhe in der Regel wieder aus. Der Bedarf an Schlaf sinkt lediglich in den ersten Lebensjahren, nach der Pubertät bleibt der Schlafbedarf mit sieben bis acht Stunden bis ins hohe Alter in etwa gleich. Was sich verändert, sind Verteilung und Art des Schlafs. So wacht man bereits ab dem 30. Lebensjahr nachts vermehrt für kurze Zeit auf.

Die Schlafqualität wird besonders von Älteren als weniger erholsam erlebt, da der Anteil an erholsamen Tiefschlafphasen sinkt und man leichter geweckt werden kann. Insomnie (siehe Seite 56 f.) oder andere gesundheitliche Beeinträchtigungen, die zu Schlafstörungen beitragen, sind bei älteren Menschen häufiger.

Ein langer Nachtschlaf verhindert die Tagesmüdigkeit

Nicht allein die Quantität, sondern vor allem die Qualität des Schlafs ist ausschlaggebend für Erholung und Wohlbefinden. Auch wenn man neun oder zehn Stunden im Bett verbringt, kann es dennoch sein, dass man sich am nächsten Tag wie gerädert fühlt. Meist lässt sich das Problem mit der Tagesmüdigkeit durch Änderungen des eigenen Verhaltens in den Griff bekommen (siehe Seite 83 ff.).

Wenn es im Schlafzimmer kalt ist, schläft man besser

Irrtum, denn wer im Laufe der Nacht friert, schläft schlechter. Aber das Schlafzimmer sollte gut belüftet und nicht zu warm sein. Empfohlen wird eine Raumtemperatur von etwa 18 Grad Celsius. Für kälteempfindliche Menschen empfiehlt es sich, beim Zubettgehen eine Wärmflasche oder ein

Kalte Füße verhindern das Einschlafen!

Besonders Frauen leiden häufig unter kalten Füßen, weil ihre Wärmeverteilung anders als bei Männern mehr auf den Körperkern ausgerichtet ist. Gönnen Sie sich deshalb vor dem Zubettgehen ein warmes Fußbad und halten Sie die Füße mit weichen Wollsocken warm.

aufgewärmtes Kirschkernkissen mit unter die Decke zu nehmen. Diese strahlen wohltuende, unter Umständen schmerzlindernde Wärme ab und vermitteln eine kuschelige und heimelige Atmosphäre, sodass man sich gleich rundherum wohl fühlt.

Der Schlaf vor Mitternacht ist der wichtigste

Auch die Annahme, der Schlaf vor Mitternacht sei besonders erholsam, muss weitgehend in das Reich der Mythen verbannt werden. Schlafforscher haben nämlich herausgefunden, dass der Erholungsfaktor des Schlafs viel differenzierter betrachtet werden muss und pauschale, allgemein gültige Erklärungen nicht möglich sind. Es wird angenommen, dass die erste Hälfte des Nachtschlafs wegen der vielen Tiefschlafanteile für das Gefühl des Ausgeruhtseins am nächsten Tag besonders entscheidend ist. Dies muss aber nicht unbedingt vor Mitternacht geschehen. Wichtig ist vor allem die Beibehaltung eines regelmäßigen und eingewöhnten Schlafrhythmus.

So sollte der Einschlafzeitpunkt zwar in der Nacht liegen, da der Körper auf visuelle Reize (hell, dunkel) durch die Ausschüttung der für den Schlaf wichtigen Hormone reagiert. Allerdings ist es abhängig vom jeweiligen Schlaftyp, wann die Produktion der für die Regeneration des Körpers wichtigen Hormone stattfindet – und damit auch, wann der Schlaf für den Körper am gesündesten ist.

Bei „Normalschläfern", die regelmäßig um 23 Uhr zu Bett gehen, werden in der Tiefschlafphase bis drei Uhr Wachstumshormone ausgeschüttet, die für die Reparatur von Zellen, den Aufbau von Muskeln und Knochen und die Bildung von lebenswichtigen Eiweißen verantwortlich sind. Bei Menschen, die in ihrem Schlafverhalten von dieser Norm abweichen, tritt der gesunde Einschlafzeitpunkt entsprechend früher bzw. später ein.

Wenig Schlaf unter der Woche wird durch mehr Schlaf am Wochenende kompensiert

So leicht lässt sich der Körper nicht überlisten. Längeres Schla-

Schlaf ist nicht etwas, was man zu einer beliebigen Zeit nachholen kann.

fen am Wochenende wird bestenfalls einen Teil der Erholung zurückbringen, die durch das Schlafdefizit entstanden ist. Außerdem kann es zu Störungen im Biorhythmus kommen, denn bei einem solchen Verhalten ist es oftmals schwierig, in der Nacht von Sonntag auf Montag genügend Schlaf zu bekommen. Meist kann man dann erst spät einschlafen und hat am anderen Morgen Schwierigkeiten mit dem frühen Aufstehen.

Vollmond stört den Schlaf

Laut einer Umfrage des Allenbach-Instituts glauben 39 Prozent aller Deutschen, der Mond habe einen Einfluss auf ihren Schlaf. Ähnliche Zahlen liegen allerdings auch für den Glauben an die Glück bringende Wirkung von vierblättrigen Kleeblättern oder Schornsteinfegern vor.

Immerhin gibt es für die mutmaßliche Wirkung des Vollmonds Erklärungsansätze, welche die Kräfte der Gravitation für die Auswirkungen auf unser Schlafverhalten verantwortlich machen. Die Kraft des Mondes wird hierbei gern mit der Gezeitenwirkung begründet. Da der Mensch zu 70 Prozent aus Wasser besteht, müssten diese Kräfte auch auf ihn Einfluss nehmen, so eine populäre Argumentation. Der bekannte Schlafforscher und Leiter des Schlafmedizinischen Zentrums Regensburg, Professor Dr. Jürgen Zulley, hält dagegen, dass Effekte wie Ebbe und Flut bei Seen auch nicht auftreten, sondern nur bei extrem großen Wassermengen. Auch die Irritation durch das Licht des Vollmonds sei bestenfalls eine subjektiv empfundene Wirkung. Denn selbst in klaren Nächten sei höchstens eine Helligkeit von 0,2 Lux zu messen. Eine Reaktion des menschlichen Hormonsystems ist aber erst ab 180 Lux nachweisbar – und schließlich lassen sich Zimmer auch verdunkeln.

Ein Schlummertrunk bringt einen guten und tiefen Schlaf

Stimmt – aber nur wenn es sich bei dem Schlummertrunk nicht gerade um Alkohol handelt! Die Flasche Bier oder das beliebte Glas Rotwein am Abend machen zwar müde, sofern man sich beim Genuss entspannt. Es mag sein, dass das Einschlafen dann auch leichter gelingt – aber die Schlafqualität sinkt, weil die Nachtruhe unruhiger wird. Dies liegt daran, dass das Gehirn mit Weckimpulsen reagiert, sobald der Alkoholspiegel im Blut sinkt. Gute Getränke zum Einschlafen sind heiße Milch mit Honig oder ein Kräutertee (z. B. Baldrian).

Ein Nickerchen ist reine Zeitverschwendung

Ganz und gar nicht. Der Mittagsschlaf ist in westlichen Industrieländern oft verpönt und seine Wirkung wird unterschätzt. Zwar kann er einen guten Nachtschlaf keineswegs ersetzen, aber er ist definitiv erholsam. Nach einer kurzen oder unruhigen Nacht kann der Mittagsschlaf auch schon einmal einen Teil der dadurch entstandenen Beeinträchtigung der Tagesform wieder ausgleichen. In modernen Firmen ermuntern die Chefs ihre Mitarbeiter gelegentlich sogar, sich in der Mittagszeit regelmäßig eine kurze Auszeit zu gönnen, denn man hat herausgefunden, dass danach die Lern- und Leistungsbereitschaft wieder deutlich ansteigt.

Allerdings sollte man den Mittagsschlaf vor 15 Uhr abhalten, weil er sonst das abendliche Einschlafen stören könnte. Außerdem sollte man den Tagesschlaf auf etwa eine Stunde begrenzen. Ansonsten fällt es schwer, richtig aufzuwachen und wieder in Schwung zu kommen.

Fernsehen ist die beste Einschlafhilfe

Ein trügerisches Phänomen. Fernsehkonsum am Abend strengt mehr an, als es den Anschein hat. Das Gehirn ist daran gewöhnt, die gesehenen Bilder und Texte zu verarbeiten. Die Eindrücke nimmt man mit zu Bett. Schläft man tatsächlich vor dem Fernseher ein, so liegt der Körper meist in einer zum Schlafen ungünstigen Position. Später wird man häufig noch einmal richtig wach.

Natürlich sollte man Fernsehen nicht verteufeln: Wenn Sie sich

Auswirkungen des Fernsehers

Welchen Einfluss das Fernsehen wirklich hat, kann man gut an kleinen Kindern beobachten. Schauen diese zu viel fern, werden sie schnell überdreht, nervös und unkonzentriert.

Bei vielen Menschen wirkt sich ein Glas Wein oder Bier am Abend nicht negativ auf die Schlafqualität aus. Wenn Ihr Schlaf allerdings bereits gestört ist, sollten Sie möglichst auf diesen Schlummertrunk verzichten.

bewusst abends vor den Fernseher setzen und zur Entspannung einen schönen Film sehen, hat dies in der Regel keine negativen Auswirkungen auf Ihren Schlaf. Sie sollten sich nur klar machen, dass man einen Abend durchaus auch anders beschließen kann.

Schaffen Sie sich deshalb besser andere Einschlafrituale, die Körper und Geist langsam zur Ruhe kommen lassen. So bringen beispielsweise ein kurzer Spaziergang an der frischen Luft, eine leichte Bettlektüre mit ungefährer Zeitvorgabe oder ein heißes Bad Körper und Geist in „Bettlaune".

Manche Schnarchgeräusche erreichen akustische Spitzenwerte von über 80 Dezibel, was dem Lärmpegel eines Presslufthammers gleichkommt!

Schnarchen ist ein weit verbreitetes Phänomen, das man ignorieren kann

Da sollte man schon genauer hinschauen. Es stimmt, dass viele Menschen während des Schlafens schnarchen. Besonders mit fortschreitendem Alter nimmt die Neigung zum nächtlichen Schnarchen zu. Durchgehendes Schnarchen kann unter Umständen dafür verantwortlich sein, dass man tagsüber müde ist.

In einigen Studien untersuchte man die Auswirkungen des Schnarchens bei Kindern und konnte hierbei Verhaltensauffälligkeiten und schlechtere Schulleistungen mit Schnarchen in Zusammenhang bringen.

Auch wenige kurze Atemaussetzer während des Einschlafens und im Tiefschlaf sind durchaus normal, ebenso wie etwa fünf kurze Atempausen pro Stunde. Eine sogenannte Schlafapnoe, gekennzeichnet durch unregelmäßiges, sehr lautes Schnarchen mit mehr als zehn Atemaussetzern pro Stunde, die mindestens zehn Sekunden andauern, ist eine behandlungsbedürftige Schlafstörung (siehe Seite 61 f.).

Kinder mit unzureichendem Nachtschlaf sind tagsüber müde

Im Unterschied zu den meisten Erwachsenen neigen Kinder, die in der Nacht zu wenig schlafen, am Tag darauf eher zu Überaktivität. Auffallend dabei ist, dass sie unkonzentrierter und verhaltensauffälliger sind als üblich. Darauf gilt es zu achten, wenn bei einem Kind die populäre Diagnose ADHS (Aufmerksamkeitsdefizithyperaktivitätssyndrom) im Raum steht.

Ängste und Sorgen sind die Hauptursachen für Schlafstörungen

„Denn wo die Sorge haust, da lässt sich der Schlaf nicht nieder" wusste schon Shakespeare. Ängste und Sorgen verursachen Stress und können einem Menschen sehr wohl vorübergehend schlaflose Nächte bereiten. Für eine regelrechte, anhaltende Ein- und Durchschlafstörung kommen allerdings auch eine Reihe anderer Faktoren in Betracht.

Nicht selten ist die Einnahme bestimmter Medikamente, Alkohol, Koffein oder Drogen dafür verantwortlich, wenn jemand nachts keine Ruhe findet. Psychische Erkrankungen wie Angststörungen oder Depression, und somatische Beschwerden wie Asthma, Rheuma oder Arthritis (Schmerzen) können die Schlafqualität stark beeinträchtigen.

Für einen guten Schlaf benötigt man Schlafmittel

Ein gesunder und erholsamer Schlaf lässt sich meist durch sehr einfache Selbsthilfemaßnahmen und in der Regel ohne den Einsatz äußerer Mittel wie Medikamente positiv beeinflussen. So kann ein Großteil der Menschen seine Schlafprobleme durch das Befolgen der Regeln der Schlafhygiene (siehe Seite 83 ff.) und eine optimistische und unvoreingenommene Einstellung gegenüber dem Phänomen Schlaf beheben.

Körperliche Beanspruchung vor dem Schlafengehen fördert den Schlaf

Vier bis sechs Stunden bevor man ins Bett geht, hat sportliche Betätigung in der Regel einen positiven Einfluss auf die Schlafqualität. Kurz vor dem Schlafengehen sollte man aber auf körperliche und geistige Anstrengungen verzichten, da diese den Organismus zu sehr anregen und ein schnelles Einschlafen verhindern können.

Sexuelle Aktivitäten kurz vor dem Zubettgehen sind erlaubt, da sie häufig den Schlaf fördern.

Behandlungs-bedürftige Schlafstörungen

Immer mehr Menschen klagen heutzutage über Schlafstörungen und durchwachte Nächte. Hinter den meisten Schlafschwierigkeiten steckt in der Regel keine echte, mit medizinischen Mitteln zu behandelnde Störung, sondern nur ein vorübergehendes Problem. Ist die Nachtruhe dauerhaft und über längere Zeit gestört, sollte man einen Arzt aufsuchen, bevor die Störungen chronisch werden.

Folgen von Schlafstörungen – ein Leben ohne Erholung

Schlafstörungen bewirken nicht nur Müdigkeit bei den Betroffenen, sondern können ernsthafte, z. T. lebensbedrohliche Folgen haben.

Der Organismus wird deutlich anfälliger für Infekte, es kommt zu Konzentrations- und Leistungsschwäche, Stimmungsschwankungen werden immer häufiger und man ist leicht reizbar: Soziale Konflikte sind in diesen Fällen vorprogrammiert. Des Weiteren droht immer wieder aufkommende schwere Müdigkeit den Betroffenen zu übermannen und besonders im Straßenverkehr kann dies zu dem gefürchteten „Sekundenschlaf" führen.

Manchmal geschieht es, dass die Ursache für die Schlafstörung zwar nicht mehr vorhanden ist (Stress, berufliche Probleme), die Störung an sich aber bestehen bleibt – z. B. weil man sich so sehr mit dem Gedanken beschäftigt, einschlafen zu wollen, dass man

Registriert man bei sich selbst eine Schläfrigkeit im Straßenverkehr, so sollte man vor der Weiterfahrt unbedingt eine Pause einlegen und ein halbes Stündchen schlafen.

vor lauter Konzentration auf diese Aufgabe nicht mehr ausreichend entspannen kann und deshalb auch keinen Schlaf findet.

Der ursprüngliche Grund für die Störung verwandelt sich in diesem Fall in Ärger über die Schlaflosigkeit und Anspannung was wiederum zu weiteren Ein- und Durchschlafproblemen führt.

Eine Schlafstörung macht dann bald nicht mehr nur in der Nacht Beschwerden, sondern irgendwann häufen sich auch während des Tags die Probleme: Tagesmüdigkeit, Leistungsabfall, depressive Stimmung, Konzentrationsschwierigkeiten und leichte Irritierbarkeit gestalten die Bewältigung des Alltags zunehmend schwieriger.

Schlafmangel ist schädlich

Neue Untersuchungen bestätigen die Bedeutung der Erholungsprozesse, die während des Schlafs im Körper stattfinden und sowohl auf geistiger wie auch auf körperlicher Ebene eine wichtige Rolle zu spielen scheinen. Forscher an der Universität von Chicago diagnostizierten grundlegende Stoffwechselstörungen bei den Teilnehmern einer Studie (Veröffentlichung im britischen Medizin-Magazin „Lancet“) nach sechs Nächten, in denen sie nur vier Stunden pro Nacht schlafen durften.

In diesem Teufelskreis wird das Problem von Nacht zu Nacht schlimmer, bis sich eine chronische Schlafstörung eingestellt hat, die ernsthafte Schädigungen für die körperliche und seelische Gesundheit des Betroffenen zur Folge haben kann. Die Betroffenen fühlen sich durch den Mangel an Schlaf wie unter Dauerstress, ihr körperliches und seelisches Gleichgewicht gerät aus den Fugen.
Mit zunehmendem Alter nimmt die Häufigkeit von chronisch gewordenen Schlafproblemen zu, wobei Frauen häufiger darunter leiden als Männer. Wird eine chronische Störung nicht behandelt, so drohen langfristig erhebliche gesundheitliche Gefahren, psychisch wie körperlich. Mit den Verhaltensweisen der Schlafhygiene und Entspannungstechniken (siehe Seite 83 ff.) lässt sich dieser Teufelskreis in der Regel durchbrechen.
Chronische Schlafstörungen können allerdings auch die Folge anderer Erkrankungen wie Arthritis, Rheuma oder Asthma sein, da es wechselseitige Beziehungen zwischen Schlafstörungen, den Organfunktionen und anderen Erkrankungen gibt.

Sucht und Abhängigkeit von Medikamenten

Medikamente zur Behandlung von Schlafstörungen können in manchen Fällen eine gute Hilfe sein, zunächst einmal wieder zur Ruhe zu kommen. Wichtig ist dabei aber, nicht die Beseitigung der Ursachen für die Schlafstörung aus den Augen zu verlieren. Allzu leicht können nämlich besonders bei der Einnahme von Benzodiazepinen (siehe Seite 120 f.) Gewöhnungseffekte eintreten, die nicht selten in eine Abhängigkeit vom Medikament führen. Medikamentenabhängigkeit gilt nach Angaben der Deutschen Hauptstelle für Suchtfragen e. V. (DHS) nach dem Alkoholismus als zweithäufigste Suchtkrankheit. Allein in Deutschland geht man von über 1,5 Millionen Medikamentenabhängigen aus, von denen ein Großteil Benzodiazepine, die auch zur Behandlung von psychischen Erkrankungen eingesetzt werden, konsumiert.

Bei einigen Betroffenen kann die Einnahme eines Schlafmittels nach einer gewissen Zeit zur Gewöhnung führen, sodass sie die Dosis allmählich steigern. Ohne die Einnahme des Medikaments entwickeln diese Patienten oftmals körperliche Entzugserscheinungen, sodass man von einer körperlichen Abhängigkeit sprechen kann. Die Gefahr einer solchen Abhängigkeit ist allerdings geringer als bei Alkohol oder Nikotinmissbrauch, insbesondere bei modernen Schlafmitteln (Nicht-Benzodiazepine bzw. selektive Benzodiazepinrezeptor-Agonisten).

Der Arzt Paul Dubois (1795 bis 1871) schrieb sehr treffend: „Der Schlaf ist wie eine Taube: Streckt man die Hand ruhig nach ihr aus, setzt sie sich drauf. Greift man nach ihr, fliegt sie weg."

Es kann sich aber auch eine psychische Abhängigkeit entwickeln, wenn der Betroffene im Laufe einer zunächst erfolgreich verlaufenden Behandlung immer mehr Angst bekommt, ohne das Präparat nicht schlafen zu können. Daher bleibt er „sicherheitshalber" bei der Einnahme des Schlafmittels, wobei es egal ist, um welche Art von Medikament es sich handelt. Dieser Effekt kann sogar bei pflanzlichen Präparaten oder auch bei Scheinmedikamenten (sogenannten Placebos) eintreten, wobei die weitere Einnahme in diesen Fällen natürlich unbedenklich ist. Bei einem Verdacht auf eine Abhängigkeit ist eine frühzeitige Erkennung und professionelle Hilfe für den weiteren Verlauf wichtig. Je länger eine Sucht andauert, desto schwieriger ist es, wieder davon loszukommen. Bei Suchtberatungsstellen, Ärzten, Sucht- oder Psychotherapeuten findet man Hilfe. Begleitende Unterstützung bieten Selbsthilfegruppen.

Risiko von Folgeerkrankungen

Ein anhaltender Schlafmangel führt zu Stress und mithin zur vermehrten Ausschüttung entsprechender Hormone wie Adrenalin oder Kortisol, die dazu beitragen, den nächtlichen Blutdruck verhältnismäßig hoch zu halten. Der nächtliche Blutdruckabfall ist für die Gesundheit des Herz-Kreislauf-Systems jedoch sehr wichtig, da einige Studien darauf hindeuten, dass das Risiko für Schlaganfall, Angina Pectoris (anfallartig auftretende Schmerzen hinter dem Brustbein infolge geschädigter Herzkranzgefäße, oft in den linken Arm ausstrahlend), Herzrhythmusstörungen und Herzinfarkt bei fehlendem nächtlichen Blutdruckabfall erhöht ist.
Schlafmangel kann außerdem einen Einfluss auf die Verarbeitung von Kohlenhydraten und die Hormonregulation haben. Diese biologischen Veränderungen ähneln den Stoffwechseleffekten im Alter

und den Frühstadien von Diabetes. Man vermutet, dass das Risiko für Altersbeschwerden und bestimmte chronische Erkrankungen wie Diabetes, Adipositas (Fettsucht), Herzkrankheiten und Infektionen durch einen gestörten Schlaf erhöht werden. Auch können Kreislaufprobleme und Magen-Darm-Störungen auftreten, wenn sich der Körper nicht vollständig erholen kann.

Ernsthafte Schlafstörungen

Die Aussage „Heute Nacht habe ich wieder kein Auge zugetan" entspricht bei den meisten Menschen häufig nicht den Tatsachen. Vielmehr werden die kurzen Momente, in denen man aufwacht, als stundenlange Wachphasen empfunden. Aber, wie bereits erwähnt wurde, bedeutet ein gesunder erholsamer Schlaf keine achtstündige Ruhigstellung von Körper und Geist.

Eine gestörte Nachtruhe, die nur kurzfristig anhält, ist in der Regel nicht bedenklich. Meist ist man durch irgendwelche Veränderungen in seinem Lebensumfeld vorübergehend aus dem Rhythmus gekommen und ist bald schon wieder in der Lage, das übliche Schlaffenster optimal zu nutzen. Selbst wenn sich die Probleme als hartnäckig erweisen, lässt sich ein erholsamer Schlaf meist auch ohne die Einnahme von Schlafmitteln durch eine konsequente Schlafhygiene wieder in den Griff bekommen (siehe Seite 83 ff.). Allerdings ist ein immer wiederkehrender Mangel an Schlaf durchaus ernst zu nehmen, denn auf Dauer leidet das seelische und körperliche Wohlbefinden sehr unter diesem Zustand.

Um festzustellen, ob eine Schlafstörung nur ein vorübergehendes Problem oder doch behandlungsbedürftig ist und besser der Rat eines Arztes eingeholt werden sollte, muss man sich bewusst machen, wie viel Schlaf der Mensch eigentlich benötigt.

10 Prozent der Erwachsenen in Deutschland erleben ihren Schlaf häufig oder dauerhaft als nicht erholsam.

Schlafentzug als Folter

Dauerhafter, erzwungener Schlafentzug hat dramatische Folgen für die seelische Gesundheit eines Menschen, weil er dadurch in einen Zustand quälender Müdigkeit und Schwäche gerät. Schlafentzug wird deshalb leider auch als besonders subtile Methode der psychischen Folter eingesetzt und ist von den Vereinten Nationen als solche geächtet.

Warnzeichen

Viele als problematisch empfundene Unregelmäßigkeiten unseres Schlafs sind harmlose Störungen, welche die Gesundheit nicht gefährden und keine medizinische Behandlung erfordern. Erst wenn die Lebensqualität beeinträchtigt wird, ist von einer ernst zu nehmenden Störung auszugehen. Grundsätzlich kann man nach den Symptomen vier verschiedene Arten ernsthafter Schlafstörungen unterscheiden:

- Insomnie (Ein- und Durchschlafstörungen)
- Störungen mit vermehrter Tagesschläfrigkeit (Hypersomnien)
- Störungen des Schlaf-Wach-Rhythmus
- Störungen und Irritationen, die während des Schlafens auftreten (Parasomnie)

Das individuelle Schlafbedürfnis eines Erwachsenen ist zwar von Person zu Person leicht unterschiedlich. Dennoch sind die Experten von der Deutschen Gesellschaft für Schlafforschung und Schlafmedizin (DGSM) der Ansicht, dass ein Erwachsener innerhalb von 24 Stunden auf etwa acht Stunden Schlaf kommen sollte. Dies schließt auch die älteren Mitbürger mit ein, von denen vielfach angenommen wird, sie bräuchten weniger Schlaf. Vielmehr verteilen diese ihren Schlaf aber oftmals nur anders, indem sie ein bis zwei Stunden Mittagsruhe halten.

Bei der Mehrzahl der Menschen kommt es immer wieder einmal vor, dass die Nachtruhe über eine oder mehrere Nächte hinweg unruhig verläuft. Dies ist noch kein Grund zur Sorge, denn private Probleme oder eine Erkrankung (z. B. eine Erkältung) können die Ursache für einen vorübergehend gestörten Nachtschlaf sein. Allerdings kann es passieren, dass sich die Störung verselbstständigt, d. h. also nicht mehr unbedingt von einer bestimmten Ursache abhängig ist. Das führt dazu, dass die Nachtruhe dauerhaft leidet, obwohl der eigentliche Grund gar nicht mehr vorhanden ist. Als Richtlinie gilt: Wenn die Schlafqualität mehr als dreimal in der Woche über mindestens einen Monat gestört ist, liegt möglicherweise eine Schlafstörung vor.

Insomnie: lateinisch in = un-, nicht-; somnus = Schlaf

Insomnie

Eine Ein- oder Durchschlafstörung mit schlechter Schlafqualität bezeichnet man als Insomnie. Dies ist die häufigste Form der Schlafstörung. Etwa 30 bis 40 Prozent der Erwachsenen geben an,

Definition von Insomnie

Probleme beim Einschlafen, häufiges Aufwachen und/oder längere Wachphasen während der Nacht, sehr frühes Erwachen und das Empfinden einer schlechten Schlafqualität sind die Leitsymptome einer Insomnie.

bei sich gelegentlich Symptome von Insomnie festzustellen. Zehn bis 15 Prozent leiden an chronischer Insomnie.

Die Betroffenen beklagen, dass sie zu wenig schlafen und sich durch den Schlaf nicht erholt fühlen. Außerdem haben sie das Gefühl, nur oberflächlich zu schlafen. Die Störung tritt dabei mindestens dreimal pro Woche über die Dauer von mindestens einem Monat auf.

Die Ursachen hierfür sind vielfältig, angefangen bei mangelhafter Schlafhygiene (siehe Seite 83 ff.) und zu wenig Zeit für Schlaf, über Belastungssituationen (Lärmbelästigung, Schmerzen), Substanzmissbrauch (Kaffee, Alkohol, Drogen) bis hin zu psychischen Problemen – das alles kann massive chronische Schlafstörungen verursachen.

Menschen, die an Insomnie leiden, können nicht gut einschlafen, wachen immer wieder auf oder finden gar keinen Schlaf.

Hypersomnie: griechisch hyper = über; lateinisch somnus = Schlaf

Hypersomnien

Personen, die an Hypersomnie (Schlafsucht) leiden, haben ein vermehrtes Schlafbedürfnis. Sie schaffen es nicht, in der Nacht ausreichend zu schlafen und haben deshalb Schwierigkeiten, tagsüber wach zu bleiben und nicken dann häufig ungewollt ein. Obwohl die eigentliche Schlafdauer in der Summe ausreichen sollte, haben die Betroffenen stets ein Gefühl von Müdigkeit. Nächtliches Schnarchen ist bei Hypersomnie nicht selten.

Gelegentliche Tagesschläfrigkeit bzw. Tagesmüdigkeit haben viele schon einmal erlebt. In besonders monotonen Situationen wie z. B. bei einer längeren Autofahrt oder auch beim Fernsehen kann es passieren, dass man ungewollt einschläft. Diese Fälle sind eine Ausnahme und von vorübergehender Natur.

In der Schlafmedizin wird zwischen Tagesschläfrigkeit und Tagesmüdigkeit genau unterschieden. Wenn man sich tagsüber müde fühlt, heißt das noch lange nicht, dass man tagsüber auch schlafen kann. Bei Tagesschläfrigkeit schlafen die Betroffenen tatsächlich tagsüber vermehrt ein. Verschiedene Ursachen kommen hierfür infrage. Nächtliche Atemstörungen wie Schlafapnoe, Asthma oder Bronchitis, Narkolepsie oder das Restless-Legs-Syndrom können die Qualität des Nachtschlafs stark beeinträchtigen.
Auch Vergiftungen, Tumore oder Entzündungen (besonders im Bereich des Stammhirns) können eine Hypersomnie auslösen, sind allerdings verhältnismäßig selten.

Emotionen wie Freude, Ärger oder Überraschung können Kataplexien auslösen.

Narkolepsie

Die Narkolepsie (griechisch narko = Erstarrung, Lähmung; lepsis = annehmen) ist eine gravierende neurologische Störung der den Schlaf-Wach-Rhythmus regulierenden Zentren, bei der die Betroffenen mehrmals täglich anfallsartig in unkontrollierten Schlaf fallen. Diese Schlafanfälle treten häufig mehrmals täglich auf und können von einigen Minuten bis zu mehreren Stunden andauern.
Wie man sich leicht vorstellen kann, führen anfallsartige Schlafattacken am Tag leicht zu komisch anmutenden, peinlichen oder auch gefährlichen Situationen (z. B. im Straßenverkehr).
Die Betroffenen haben keinerlei Chance, dem plötzlichen Einschlafen zu widerstehen. Bei vollem Bewusstsein kann es zu einer plötzlichen Erschlaffung der gesamten Muskulatur (sogenannte Kataplexien: Zusammensacken des Körpers, Entgleiten der Gesichtszüge) kommen. Meist ist der Betroffene schon nach kurzer Zeit in der Lage, sich wieder aufzuraffen.
Ein weiteres Symptom der Narkolepsie sind Sinnestäuschungen

(Halluzinationen) beim Einsetzen des Schlafanfalls, beim Einschlafen oder beim Aufwachen. Die Lebensführung der Betroffenen ist stark beeinträchtigt.
Da Stress in positivem wie in negativem Sinn mitunter eine Schlafattacke auslösen kann, passiert es durchaus, dass ein Narkoleptiker mitten in einer wichtigen, geschäftlichen Besprechung oder auch bei einem Flirt abrupt einschläft, was in aller Regel für einige Verwirrung und allerhand Gesprächsstoff sorgt.

Die genauen Ursachen dieser chronischen Krankheit sind noch weitgehend unbekannt. Man weiß, dass bei den Betroffenen vermutlich durch eine fehlgesteuerte Immunreaktion ein Mangel des Botenstoffs Orexin besteht, der bei der Steuerung des Appetits und des Schlaf-Wach-Rhythmus eine Rolle spielt. Erbliche Veranlagung scheint bei diesem Krankheitsbild Einfluss zu nehmen, äußere Faktoren wie Stress oder Schichtarbeit erhöhen das Risiko möglicherweise ebenfalls.
Die Krankheit ist relativ selten und lediglich etwa 0,05 Prozent der Bevölkerung sind davon betroffen.
Behandelt wird Narkolepsie üblicherweise mit anregenden Medikamenten, um den Anfällen vorzubeugen. Eine psychologische Beratung ist darüber hinaus empfehlenswert.

Infos im Netz

Auf der Webseite der deutschen Narkolepsie Gesellschaft e. V. (www.dng-ev.org) finden sich weitere Informationen und Links zu Selbsthilfegruppen.

Das Restless-Legs-Syndrom

Der Begriff Restless-Legs-Syndrom (RLS) stammt aus dem Englischen und bedeutet wörtlich übersetzt „unruhige Beine". Wie auch die Narkolepsie ist RLS ein neurologisches Krankheitsbild unbekannter Ursache (die Neurologie ist ein Teilgebiet der Medizin, das sich mit der Erforschung und Behandlung von Nervenkrankheiten befasst). Die Krankheit ist nicht sonderlich bekannt, obwohl die Symptome schon vor mehr als 300 Jahren erstmalig beschrieben wurden. So haben viele Menschen einen wahren Ärzte-Marathon hinter sich, bis das Krankheitsbild richtig diagnostiziert wird.
Quälende Empfindungen hauptsächlich in den Beinen sind typische Beschwerden. Als besonders vor dem Einschlafen auftretendes unerträgliches Kribbeln wie von Ameisen in den Waden, Ziehen, Jucken, Reißen, Stechen oder Brennen, verkrampfte Muskeln bis hin zu quälenden Schmerzen

Ob Abgespanntheit und leichte Reizbarkeit, Depressionen oder sexuelle Funktionsstörungen – dies alles können Folgen einer dauerhaft gestörten Nachtruhe sein.

beschreiben die Betroffenen die Symptome. Im Verlauf der Nacht wachen sie oft mit ähnlichen Beschwerden auf. Hinzu kommt der kaum zu unterdrückende Zwang, aufzustehen und herumzulaufen, was die Symptome zwar kurzfristig lindert, den Betroffenen aber vom Schlafen abhält. Die Folge sind Tagesmüdigkeit, Gereiztheit und Leistungsabfall.
Aber: Nicht jedes abendliche Kribbeln in den Beinen ist gleich ein Restless-Legs-Syndrom! Hinter gelegentlichen Beinkrämpfen steckt nicht selten ein Magnesiummangel, der sich mit Magnesiumpräparaten leicht beheben lässt.

Die Ursachen für das Restless-Legs-Syndrom sind nicht genau bekannt, man vermutet aber, dass die Krankheit vererbt wird. Ein erhöhtes Risiko besteht außerdem bei stark eingeschränkter Nierenfunktion (Dialysepatienten), Eisenmangelanämie oder Polyneuropathien (nicht entzündliche Erkrankung mehrerer peripherer Nerven), aber auch bei Schwangerschaft. Eine Störung des Dopamin-Stoffwechsels wird als Ursache für die Probleme vermutet, denn die Gabe von darauf Einfluss nehmenden Medikamenten (wie L-Dopa, Carbamazepin, Clonidin oder Pramipexol) können die Beschwerden lindern.
Erschrecken Sie nicht, wenn Sie den Beipackzettel bei diesen Medikamenten lesen! Solche Präparate werden auch bei Parkinson oder Epilepsie verschrieben, damit hat das Restless-Legs-Syndrom aber nichts zu tun!

Als heilbar gilt die Erkrankung (noch) nicht. Betroffene berichten, dass sich die Symptome nach dem Verzehr von Milchprodukten, Obst oder Früchten mit viel Fruchtzucker sowie Kohl, sowohl roh als auch gekocht, z. T. deutlich verschlimmerten. Kaffee, Alkohol, Wärme und Stress gelten ebenfalls als Symptom verstärkend. Massagen und Ausstreichen der Beinmuskulatur mit einer Bürste, Kniebeugen, kalte Fußbäder (Kneipp), Wandern oder Fahrradfahren verschaffen vielen Betroffenen Erleichterung.

Das Schlafapnoe-Syndrom

Menschen mit Schlafapnoe haben im Schlaf regelmäßig wiederkehrende Atemaussetzer (Apnoen, griechisch ápnoia = Windstille, kein Hauch/Atem), die den Körper einem enormen Stress aussetzen. Was zu Beginn wie ein normales lautes, meist unregelmäßiges Schnarchen klingt wird ganz plötzlich von einem sekundenlangen Atemstillstand unterbrochen, bevor die Atmung sehr schnell und hastig wieder einsetzt.

Während des Schlafs sind die Muskeln im Rachenraum entspannt, was bei sehr weichem Gewebe oft dazu führen kann, dass die eingeatmete Luft, die durch die Luftwege strömt, die Muskulatur und das Fettgewebe zum Schwingen bringt. Dies verursacht die bekannten Geräusche des Schnarchens.

Bei Menschen mit Schlafapnoe stoppt die Atmung für einen kurzen Augenblick, weil das Gewebe in den oberen Atemwegen sich nicht nur bewegt, sondern ganz zusammenfällt. Das Gehirn registriert den entstandenen Sauerstoffmangel und leitet eine Art kurzzeitigen Weckvorgang ein, damit der Schläfer nicht erstickt, und der Atem setzt wieder ein.

Gelegentliche kurze Atemaussetzer während des Schlafs sind ganz normal. Wenn allerdings mehr als fünf bis zehn Atemaussetzer (die Angaben variieren) in einer Stunde beobachtet werden und die Länge der Aussetzer zehn Sekunden überschreitet, ist die Störung im medizinischen Sinne von Bedeutung und sollte behandelt werden.

Selten ist ein Schlafapnoe-Syndrom zentral bedingt, d. h. durch eine Funktionsstörung des Atemzentrums. In den weitaus meisten Fällen hat eine Schlafapnoe andere Ursachen. Etwa zwei Drittel aller Apnoiker sind übergewichtig und schnarchen. Überwiegend (bis zu zehnmal häufiger) sind Männer von diesem Krankheitsbild betroffen. Zwar schnarchen Menschen mit Schlafapnoe laut und oft, aber lange nicht jede dieser Personen neigt zu häufigen Atemaussetzern. Ob das Übergewicht für die Atemstillstände verantwortlich ist oder es im Rahmen der Erkrankung zu verstärktem Appetit mit entsprechender Gewichtszunahme kommt, darüber sind sich die Wissenschaftler noch nicht einig.

Die häufigen Atemstillstände und die folgende explosionsartig einsetzende Atmung belasten den

Durch lebensrettende Reflexe wird das Ersticken verhindert.

Eine Lageveränderung im Bett, z. B. auf der Seite liegen, kann das Schnarchen reduzieren.

Körper: Der Herzschlag wird unregelmäßig, der Blutdruck steigt und fällt und der Erholungseffekt des Schlafs geht verloren.

Da dem Apnoiker die erholsamen Phasen des Tiefschlafs fehlen, leiden sie oftmals an einer ausgeprägten Tagesmüdigkeit und Schmerzen im Rachen.

Konzentrationsschwierigkeiten, damit einhergehend eine Zunahme des individuellen Unfallrisikos sowie Stimmungsschwankungen bis hin zu Depressionen können die Folgen sein. Durch den häufigen Abfall des Sauerstoffgehalts im Blut (bedingt durch die Atemaussetzer) haben die Betroffenen morgens oft Kopfschmerzen, fühlen sich matt und abgeschlagen und buchstäblich „wie gerädert". Antriebsarmut, Schwerfälligkeit und geringe Belastbarkeit ziehen im beruflichen, sozialen wie familiären Umfeld zahlreiche Probleme und oftmals Unverständnis durch die Mitmenschen nach sich.

Für Betroffene, die allein leben, ist es schwierig festzustellen, inwieweit sie durch Apnoen beeinträchtigt sind, denn ihnen selbst werden die Atemaussetzer während des Schlafs nicht bewusst. Wichtige, auch für den allein Stehenden erkennbare Symptome sind ein unruhiger Schlaf (durch Hin- und Herwälzen zerwühltes Bett), starkes nächtliches Schwitzen und vermehrter Harndrang.

Die möglichen Folgen eines unbehandelten Schlafapnoe-Syndroms sind nicht zu unterschätzen. Durch den verstärkten Ausstoß von Stresshormonen steigt die Herzfrequenz und der Blutdruck. Dadurch erhöht sich das Risiko für Herzinfarkt, Schlaganfall, Herzrhythmusstörungen und Herzschwäche ebenso wie für die „typischen Stresserkrankungen" Hörsturz und Tinnitus sowie Magengeschwür und Diabetes.

Auch Kinder leiden gelegentlich an dem Schlafapnoe-Syndrom. Da Kinder anders reagieren als Erwachsene, ist sie bei ihnen schwer zu erkennen. Die betroffenen Kinder wirken tagsüber nicht müde, sondern aufgekratzt und unruhig. Auch Schnarchen, Mundatmung und unruhiger Schlaf können u. a. Zeichen für eine Schlafapnoe sein. Die Eltern sollten in solchen Fällen den Kinderarzt zurate ziehen. Meist liegen die Ursachen der Schlafapnoe im Rachenraum der Kinder (vergrößerte Mandeln oder Polypen), die sich leicht beheben lassen.

Störung des Schlaf-Wach-Rhythmus

Wenn der Betroffene nicht mehr zur „gewohnten" Zeit einschlafen kann und sich deutlich früher oder später als üblich zu Bett begibt, ist der „normale" Schlaf-Wach-Rhythmus gestört. Das Schlafen an sich stellt dabei eigentlich kein Problem dar, es funktioniert eben nur nicht zu den in unserem Kulturkreis üblichen Zeiten. Zu solchen Störungen des individuellen Rhythmus kommt es z. B. häufig nach Fernreisen in andere Zeitzonen, bekannt als „Jetlag", oder aber bei Personen, die im Schichtdienst arbeiten. Lerchen- und Eulentypen haben ein ähnliches Problem – extreme Frühaufsteher sind morgens fit und sehr früh am Abend müde, Menschen, die sehr lang aufbleiben, haben das umgekehrte Problem, wenn sie oft nicht vor Mitternacht einschlafen können.

Die möglichen Folgen der Ein- und/oder Durchschlafstörungen sind Tagesmüdigkeit, Leistungsabfall, Konzentrationsprobleme, allgemeine Befindlichkeitsstörungen, Magen-Darm-Probleme sowie negative Auswirkungen auf den Appetit. Bei einer einmaligen Zeitverschiebung stellt sich der Organismus nach einigen Tagen auf die neuen Gegebenheiten ein und die Symptome klingen ab.

Parasomnien

Unter dem Begriff Parasomnie versteht man aus dem Schlaf heraus auftretende Auffälligkeiten, die allesamt den Schlaf unterbrechen. Albträume, Zähneknirschen und nächtliches Einnässen gehören u. a. dazu.
Zu den Parasomnien zählen auch Aufwachstörungen wie Schlaftrunkenheit, Aufschrecken aus dem Schlaf und Schlafwandeln. Sie beginnen meist in der Phase des Tiefschlafs und führen häufig in eine Übergangsphase zwischen Schlafen und Wachen. Hierbei kann es zu Handlungen kommen, an die sich die Betroffenen

Parasomnie: griechisch para = neben; lateinisch somnus = Schlaf

später nicht erinnern können. Diese Störungen treten meist im Kindesalter und seltener bei Erwachsenen auf.
Krankheiten, Stress und belastende Situationen scheinen diese Schlafstörungen zu verstärken. Die häufigsten Parasomnien werden im Folgenden kurz erklärt.

Somnambulismus: lateinisch somnus = Schlaf; ambulare = wandern

Schlafwandeln

Das Phänomen des Schlafwandelns (Somnambulismus) hat die Menschheit seit jeher fasziniert. So waren Illustrationen und Karikaturen über diesen sonderbaren Zustand schon in den vergangenen Jahrhunderten populär.
Schlafwandeln tritt vorwiegend bei Kindern zwischen vier und zwölf Jahren sowie Jugendlichen auf. Mit zunehmendem Alter lässt das Schlafwandeln nach und verschwindet mit dem Erwachsenwerden meist von selbst. Die Ursachen für dieses Phänomen sind unbekannt, allerdings vermutet man aufgrund von Häufungen in bestimmten Familien, dass u. a. eine erbliche Veranlagung mit eine Rolle spielen könnte. Bei Erwachsenen, die schlafwandeln, liegen häufig psychische Faktoren wie Stress oder Schlafentzug oder körperliche Erkrankungen und deren Folgen (Medikamenteneinnahme, Fieber) zugrunde.

Bei Kindern kann das Schlafwandeln sogar von außen hervorgerufen werden. Wenn man das Kind im Tiefschlaf auf seine Beine stellt, wird es in der Regel anfangen loszulaufen.

Am häufigsten beginnt das Schlafwandeln während des ersten Drittels der Nacht in der Tiefschlafphase (Stadium 3 und 4). Manche Betroffene setzen sich nur kurz auf, zupfen an der Bettdecke und murmeln Unverständliches, bevor sie sich wieder zum Schlafen hinlegen. Bei anderen wiederum dauert die Phase des Schlafwandelns länger an, teilweise bis zu einer halben Stunde: Sie stehen auf und laufen mit offenen Augen und starren Gesichtszügen durch das Haus, kleiden sich an oder nehmen sogar Nahrung zu sich.
Die meisten Schlafwandler werden von dem Schein einer Lichtquelle angelockt und bewegen sich in der Regel geradeaus. Zu einer Zeit, als es noch keine Elektrizität gab, orientierten sich die Betroffenen am hellen Mondschein – so sieht man in älteren Darstellungen auch meist eine Person, die, das Gesicht zum Mond gewandt, schlafwandelt.

Der Volksmund spricht zwar von „schlafwandlerischer Sicherheit", mit der sich eine Person durch den Raum bewegt. Davon kann aber bei Betroffenen keine Rede sein, auch wenn sie in der Phase des Schlafwandelns die Augen geöffnet haben und Gegenständen ausweichen sowie komplexe Tätigkeiten verrichten können. Das Schlafwandeln birgt nämlich ein nicht unbeträchtliches Unfallrisiko, das es unbedingt einzudämmen gilt. So passiert es häufig, dass Schlafwandler, um ihren

Weg fortsetzen zu können, ein Fenster oder eine Tür öffnen. Untersuchen Sie deshalb, wenn ein Familienmitglied schlafwandelt, Ihre Wohnung auf mögliche Gefahrenaspekte. So sollten Sie z. B. nachts Fenster und Türen verschließen und Schranken an den Treppen anbringen.

Schlafwandler sollte man außerdem nicht plötzlich ansprechen oder aufwecken, da diese erschrecken und verwirrt oder panisch reagieren und sich möglicherweise verletzen können. Die beste Methode ist, den Betroffenen vorsichtig und leise wieder zurück ins Bett zu führen.

Meist ist dies aber gar nicht nötig, da der Schlafwandler in der Regel nach kurzer Zeit ohne aufzuwachen wieder ins Bett zurückgeht und weiterschläft – am nächsten Morgen kann er sich an nichts erinnern.

Schlaftrunkenheit

Säuglinge und Kleinkinder sind häufig schlaftrunken, wenn sie aufwachen. Dieser Zustand der Verwirrtheit kommt nur selten beim Erwachsenen vor. Diese meist nur wenige Minuten, gelegentlich aber auch länger andauernde Phase ist geprägt von Orientierungslosigkeit bezüglich Zeit und Ort. Gelegentlich kommt es auch zu Schreien und unkontrollierten Bewegungen des Betroffenen. An die Episode kann er sich später nicht erinnern.

Beeinträchtigung des gesellschaftlichen Lebens

Schlafwandeln kann auch negative Auswirkungen auf den psychischen Zustand des Betroffenen haben. So vermeiden Betroffene z. B. das Übernachten bei Freunden oder im Hotel, um Situationen, in denen diese „unangenehme Störung" auftritt, zu verheimlichen.

Schlafterror

Störungsbild: Schlafterror (Pavor nocturnus) ist der nicht unberechtigt dramatische Begriff für eine Aufwachstörung mit gravierendem Verlauf, die immer in der ersten Nachthälfte während der Tiefschlafphase auftritt. Die Betroffenen sind in der Regel Kinder zwischen dem zweiten und siebten Lebensjahr. Sie schrecken oftmals mit einem lauten Schrei aus dem Schlaf hoch, sind panikerfüllt und hoch erregt. Die körperlichen Begleitsymptome umfassen u. a. Herzrasen, Schwitzen, beschleunigte Atmung und weit aufgerissene Augen mit großen Pupillen, alles Symptome eines akuten Angstgeschehens. Auch plötzliches Aufstehen und Umherlaufen bis hin zur selbst- oder fremdgefährdenden Aktionen sind mög-

Wenn Ihr Kind schlafwandelt, ist dies nicht weiter Besorgnis erregend, allerdings ist es immer wichtig daran zu denken, dass es keine „schlafwandlerische Sicherheit" gibt.

Schlafterror, eine Aufwachstörung von der in der Regel Kleinkinder betroffen sind, kann für Familienangehörige extrem belastend sein.

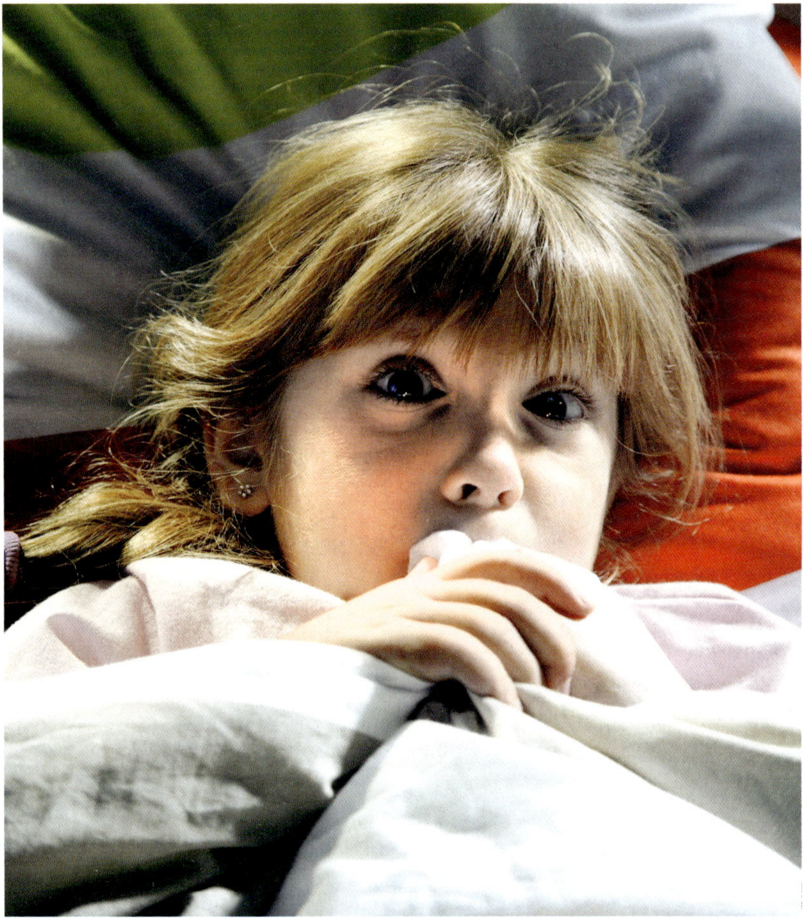

lich. Für die Familie ist ein solcher Vorgang also sehr belastend. Eltern, die dies noch nicht kennen, kann ein gehöriger Schreck in die Glieder fahren, denn das betroffene Kind lässt sich weder durch Berührung noch durch Ansprache beruhigen, ebenso wenig aufwecken. Nach wenigen Minuten ist der Spuk vorbei. Schätzungsweise ein Drittel aller Kinder durchlebt einmal eine oder mehrere solcher Episoden, die auch nur gelegentlich auftreten.

Unterschied zum Albtraum: Anders als beim Albtraum entstehen beim Schlafterror keine Traumbilder, an die man sich später noch erinnern könnte. Ein Angst- oder Albtraum ist durch ein angsterfülltes Traumerleben gekennzeichnet, nach dem man plötzlich aus dem

Schlaf aufschrickt. Er spielt sich gewöhnlich in der zweiten Nachthälfte während einer REM-Schlafphase ab. Im Fall eines Albtraums kann man sofort zuordnen, dass es nur ein Traum war. Kinder reagieren auf die Eltern und können sich mit ihnen verständigen. Für tröstende Worte und körperliche Nähe sind sie dankbar. Zuwendung und Verständnis helfen dem Kind, wenn es von seinen Träumen erzählt. Nach einer Schlafterrorepisode erinnert sich der Betroffene später nicht mehr an die Vorfälle. Bezüglich der biologischen Vorgänge im Körper ähnelt der Schlafterror anderen Schlafstörungen wie Zähneknirschen oder Schlafwandeln.

Hinweise für Eltern: Schlafterror ist keine psychische Störung oder Verhaltensauffälligkeit! Es gilt als gesichert, dass eine solche Episode zum normalen Schlafverhalten von Kindern gehört. Es ist bestenfalls möglich, dass die Wahrscheinlichkeit für das Auftreten des Schlafterrors nach einem Tag mit besonders vielen Reizen erhöht ist.

- Die Eltern sind nicht verantwortlich, denn die Erziehung hat keinen Einfluss auf das Auftreten dieses Geschehens!
- Eine ärztliche oder medikamentöse Behandlung ist meist nicht nötig, bei schweren Verläufen mit Symptomen wie aggressives Verhalten, Verletzungsgefahr, Gefährdung anderer Familienmitglieder oder auffälliger Tagesmüdigkeit sollten Sie auf jeden Fall den Rat des Kinderarztes einholen.
- Wenn Sie einem Anfall beiwohnen, bleiben Sie weitgehend passiv, auch wenn dies verschwer fällt. Sie haben in dieser Phase keinen Einfluss oder Zugang zu Ihrem Kind. Berührungen oder Weckversuche verschlimmern den Zustand meist. Der Zustand als solcher beeinträchtigt die Gesundheit des Kinds nicht und geht nach einigen Minuten vorüber.
- Schützen Sie das Kind bei Bedarf mit einem Kissen vor Verletzungen, möglichst ohne es allzu sehr einzuengen.
- Räumen Sie Stolperfallen im Schlafzimmer aus dem Weg.

Zuckungen der Gliedmaßen während der Einschlafphase

Einschlafzuckungen sind ein natürliches Phänomen, das bei vielen Menschen vorkommt. Arme, Beine oder der ganze Körper können beim Einschlafen plötzlich zusammenzucken, manchmal werden kurzfristig Fallgefühle, Lichtblitze oder Geräusche wahrgenommen, die zum Erschrecken führen können, aber harmlos sind.

Zuckungen, die während des Einschlafens auftreten, sind relativ häufig und müssen nicht behandelt werden.

Schlaflähmung

Die Schlaflähmung ist ebenso wie Halluzinationen bei Schlafbeginn ein Symptom der Narkolepsie (siehe Seite 58). Sie treten nicht selten

Eine Schlaflähmung kann auch bei einem großen Schlafmangel auftreten. Sie ist nicht behandlungsbedürftig, allerdings können Betroffene psychisch stark unter dieser Aufwachstörung leiden.

zusammen auf und kommen auch beim Gesunden vor. Beide Erfahrungen sind erschreckend und unangenehm. Die halluzinatorischen Traumbilder wirken oft bedrohlich. Im Falle der Schlaflähmung ist der Betroffene beim Einschlafen oder nach dem Erwachen für kurze Zeit – manchmal bis zu Minuten – nicht in der Lage, sich zu bewegen und erlebt das beklemmende Gefühl der Lähmung, die von selbst abrupt endet. Vermutlich setzt die bereits beschriebene Bewegungsunfähigkeit, die während des REM-Schlafs das Einsetzen körperlicher Aktivität verhindert (siehe Seite 32), zu früh ein oder dauert bis in die Aufwachphase an.

Nächtliches Zähneknirschen

Gelegentlich knirscht jeder Schläfer einmal mit den Zähnen, was ganz normal ist. Körperliche oder seelische Erkrankungen haben damit nichts zu tun. Behandlungsbedürftig ist lediglich häufiges Zähneknirschen.

Durch eine nachts zu tragende Aufbissschiene, die der Zahnarzt anpassen kann, werden die Zähne vor zu starkem Abrieb geschützt. Entspannungstechniken oder psychologische Beratung können helfen, nächtliches Zähneknirschen zu verhindern, da dieses verstärkt während oder anschließend an Belastungssituationen auftritt.

Wie erkenne ich eine Schlafstörung?

„Ich habe letzte Nacht kein Auge zu gemacht." „Ich habe sehr schlecht geschlafen." „Mich haben Albträume geplagt." – So oder so ähnlich lauten die häufigsten Beschwerden über eine schlechte Nachtruhe und zumeist laufen sie auf ein Schlafdefizit hinaus. Als gelegentliche Vorkommnisse sind sie nicht ungewöhnlich und nicht behandlungsbedürftig, sondern gemahnen bestenfalls daran, auf die Schlafhygiene (siehe Seite 83 ff.) und den Lebenswandel zu achten.

Um als Schlafstörung im medizinischen Sinne relevant zu gelten, werden im Wesentlichen zwei Faktoren in Augenschein genommen. So sollte die Einschlafzeit unter 30 Minuten liegen. Außerdem sollte von der Zeit, die man im Bett liegt, mindestens 85 Prozent schlafend verbracht werden (Effektivität). Weiterhin ist entscheidend, wie oft der Schlaf hinsichtlich dieser Faktoren beeinträchtigt ist.

Sind Einschlafzeit, Schlafdauer und Schlafqualität mehr als dreimal in der Woche über mindestens einen Monat gestört, liegt vermutlich eine Schlafstörung vor. Wer bei sich eine Schlafstörung vermutet, sollte zunächst ein Schlaftagebuch führen, um seinen Schlaf besser beurteilen zu können (siehe Seite 114 f.).

Die persönliche Einstellung des Betroffenen scheint übrigens einer der wichtigsten Faktoren zu sein, denn Studien ermittelten als häufigsten Grund für Schlafstörungen die Angst vor der Schlaflosigkeit selbst. Häufig entsteht ein Teufelskreis, den es zu durchbrechen gilt. Simple Schlafregeln konsequent einzuhalten,

Arztbesuch angeraten

Wenn Sie feststellen, dass Sie nach Ausschöpfung der in diesem Buch gegebenen Ratschläge Ihre Schlafprobleme dennoch nicht selbst in den Griff bekommen, sollten Sie sich mit Ihrem Hausarzt besprechen. Auch wenn Sie bereits länger als 14 Tage an Schlafstörungen leiden und Sie sich am nächsten Tag nicht ausreichend erholt fühlen, ist eine medizinische Abklärung sinnvoll. Denn Schlafstörungen können in manchen Fällen auch ein Symptom einer Krankheit sein.

Länger anhaltende Schlafstörungen sollte man immer ernst und nicht auf die leichte Schulter nehmen, denn sie können auf Dauer die Lebensqualität erheblich beeinträchtigen und schwerwiegende Folgen nach sich ziehen.

Checkliste: Leide ich unter einer behandlungsbedürftigen Schlafstörung?

- Liegen Sie abends regelmäßig mehr als eine halbe Stunde wach im Bett, bevor Sie einschlafen können?
- Wachen Sie in der Nacht mehr als ein- bis zweimal auf?
- Wenn Sie nachts aufwachen, benötigen Sie dann längere Zeit, bevor Sie wieder einschlafen können?
- Fühlen Sie sich tagsüber über die Maßen müde oder schlafen Sie gar unbeabsichtigt ein?
- Treten bei Ihnen häufig Konzentrationsschwierigkeiten auf und fühlen Sie zunehmenden Leistungsabfall und Antriebsschwäche?
- Berichtet Ihr Partner von lautem Schnarchen oder wachen Sie selbst durch das eigene Schnarchen auf?
- Sind bei Ihnen Atemaussetzer mit lauten Atemgeräuschen im Schlaf bekannt?
- Fühlen Sie sich morgens meist unausgeschlafen und „gerädert"?
- Haben Sie morgens häufiger Kopfschmerzen?
- Bestehen bei Ihnen Risikofaktoren wie Rauchen, Alkohol, Übergewicht oder Grunderkrankungen, die den Schlaf beeinträchtigen können?

Die Liste kann nur einer groben Einschätzung dienen, ob Sie an einer behandlungsbedürftigen Schlafstörung leiden. Wenn Sie aber mehr als drei Fragen mit „Ja" beantworten, sollten Sie auf jeden Fall einen Arzt konsultieren.

Der eigenmächtige Einsatz von Medikamenten ist bei den meisten Schlafstörungen nicht zu empfehlen, da Abhängigkeiten drohen.

ist nach wie vor für die meisten „Schlaflosen" die effektivste Therapie. Medikamente sind nur in schweren Fällen ratsam und ohnehin keine dauerhafte Lösung. Ein längeres Schlafdefizit ist zwar unangenehm, hat aber meist keine schwerwiegenden Folgen. Bei Einhalten einer entsprechenden Schlafhygiene holt der Organismus die Erholung wieder nach, sobald sich die zirkadiane Rhythmik normalisiert und der Nachtschlaf normale Formen angenommen hat.

Wann sollte ich mit Schlafproblemen zum Arzt?

Bei Parasomnien sollte man einen Arzt oder psychologischen Psychotherapeuten aufsuchen, wenn Verletzungsgefahr für sich oder andere besteht, sowie bei übermäßiger Müdigkeit während des Tags. Der erste Weg sollte immer zuerst zum Hausarzt und nicht zum Spezialisten führen.

Der Hausarzt hat in der Regel einen guten Überblick über den allgemeinen Gesundheitszustand seiner Patienten und weiß, welche sonstigen Erkrankungen möglicherweise eine Rolle spielen könnten. Diese Informationen fließen in die Bewertung der Schlafstörung mit ein. Mithilfe einer Anamnese können störende äußere Einflüsse ermittelt sowie Grunderkrankungen festgestellt und eine Behandlung begonnen werden. Der Hausarzt kann auch beurteilen, ob eine bestehende Medikation negativen Einfluss auf das Schlafverhalten des Patienten haben könnte. Wenn nötig, wird der Hausarzt eine Überweisung zu einem Spezialisten veranlassen.

Anamnese

Für die Schlafanamnese liefert das Schlaftagebuch wichtige Daten. Auch die Befragung des Partners kann wertvolle Hinweise geben. Der Arzt wird außerdem danach fragen, ob in der Familie Schlafstörungen bekannt sind, denn bei etwa 30 Prozent aller Betroffenen ist dies bei den nahen Verwandten der Fall.

Manchmal können auch bestimmte Medikamente Schlafstörungen verursachen, weshalb Sie dem Arzt immer mitteilen sollten, welche Arzneimittel Sie weshalb, in welcher Dosis, wie oft und wie lange schon einnehmen.

Sehr häufig sind auch Angststörungen, Panikattacken und Depressionen der Grund für Schlafstörungen. Wenn dies zur Sprache kommt, haben Sie keine Angst in die „Psychokiste" gesteckt zu werden.

Änderungen in der Medikation gleich welcher Art sollten immer mit dem behandelnden Arzt besprochen werden!

Die ärztliche Befragung

Der Arzt kann die Ursache für die vorliegende Schlafstörung meist durch eine gründliche Befragung herausfinden. Nur in wenigen Fällen werden zur weiteren Abklärung Untersuchungen in einem Schlaflabor nötig.

Bei einem offenen und ehrlichen Umgang mit sich und dem Arzt bestehen gute Aussichten, die Probleme zu meistern, ggf. mit medikamentöser Unterstützung. Der Arzt wird Ihnen verständnisvoll begegnen und Sie keinesfalls „abstempeln". Überdies ist er an die ärztliche Schweigepflicht gebunden, sodass die häufige Angst, etwas könne nach außen dringen, unbegründet ist.

Derzeit gibt es in Deutschland rund 270 Schlaflabore, die von der Deutschen Gesellschaft für Schlafforschung und Schlafmedizin (DGSM) anerkannt werden. Weitere Informationen finden Sie unter www.dgsm.de

Körperliche Untersuchung

Da auch zahlreiche Krankheiten die Schlafqualität beeinträchtigen und zu ernsthaften Schlafstörungen führen können, wird der Arzt Sie auch einer genauen körperlichen Untersuchung unterziehen.

Bei vermehrter Tagesschläfrigkeit, auffälligem Schnarchen, Schlafapnoe, Narkolepsie, Schlafwandeln oder einem Body-Mass-Index (siehe Seite 91), der über 35 liegt, wird der Hausarzt eine Überweisung an ein Schlaflabor veranlassen. Bei sensiblen Berufsgruppen wie Piloten, Lastkraftwagen- oder Taxifahrern kann dies ebenfalls sinnvoll sein.

Im Schlaflabor

Die Untersuchung im Schlaflabor wird erst nach eingehender Befragung und Untersuchung durch den Hausarzt veranlasst. In schlafmedizinischen Zentren geht man dann mit einer gründlichen Untersuchung den Ursachen auf den Grund, indem man verschiedene Körperfunktionen im Schlaf aufzeichnet. Sind die auslösenden Faktoren erst einmal aufgedeckt, lassen sich die meisten Störungen gut behandeln.

Das Schlaflabor gehört in der Regel zu einer Klinik und dient der Untersuchung von Schlafverlauf, Schlaftiefe und Schlafqualität eines Betroffenen. Über Elektroden können verschiedene Körpersignale gemessen werden. Mittels des Elektrokardiogramms (EKG) zeichnet man die Aktionsströme des arbeitenden Herzens auf, beim Elektromyogramm (EMG) werden die elektrischen Ströme der Muskelspannung registriert. Mittels einer Elektro-Enzephalografie (EEG) schließlich lassen sich die Aktionspotenziale der Gehirnströme ableiten. Atmung und Beinbewegungen werden ebenfalls überwacht.

Mit einer vollständigen klinischen Untersuchung eines Schlafzyklus über Nacht können vor allem körperliche Ursachen (z. B. Störungen bei der Atmung) aufgedeckt werden. Indem man die Schlafdauer und -tiefe analysiert, lässt sich danach objektiv beurteilen, wie ausgeprägt die Schlafstörung ist.

Obwohl der Betroffene großflächig verkabelt ist, wird er in seiner Bewegungsfreiheit im Bett kaum beeinträchtigt und gewöhnt sich meist schnell an das Kabelwirrwarr. Im Regelfall verbleibt der zu Untersuchende zwei Tage im Schlaflabor, denn ein Teil der Patienten schläft in der ersten Nacht am fremden Ort „noch" schlechter als zu Hause, ein anderer Teil hingegen paradoxerweise sogar deutlich besser („Vorführeffekt", Entlastung vom Druck „schlafen zu müssen"). Bei Apnoikern lassen sich während weiterer Nächte Therapiemöglichkeiten anwenden und auf Verträglichkeit sowie Erfolg prüfen.

Bei vielen Schlaflaboren müssen Sie sich auf lange Wartezeiten einstellen – fragen Sie also nach und vergleichen Sie! Nicht alle Schlaflabore bieten den gleichen Service. Viele haben sich z. B. auf Schlafapnoen und Hypersomnien spezialisiert. Wenn Sie an Ein- und/oder Durchschlafstörungen, also Insomnie leiden, ist für Sie außer der Untersuchung auf körperliche Ursachen möglicherweise interessant, ob das gewählte Institut auch eine Insomnietherapie anbietet. Diese sollte sich möglichst auch auf andere Therapiemöglichkeiten als nur auf eine medikamentöse Behandlung beschränken.

Auf den Webseiten des Vereins Schlafapnoe e. V. (www.schlafapnoe-online.de) sind weitere Informationen und Fragebögen zu finden, mit deren Hilfe sich herausfinden lässt, ob man unter Umständen an einer behandlungsbedürftigen Schlafstörung leidet.

Untersuchungen im Schlaflabor

Die Deutsche Gesellschaft für Schlafforschung und Schlafmedizin (DGSM) empfiehlt in sechs Fällen die Untersuchung im Schlaflabor:

1. Schwere Schlafstörungen, die das Wohlbefinden und/oder die Leistungsfähigkeit tagsüber deutlich beeinträchtigen.
2. Chronische Schlafstörungen, die seit mehr als einem halben Jahr erfolglos behandelt werden.
3. Verdacht auf eine organisch bedingte Schlafstörung (z. B. Schlafapnoe-Syndrom, Herzrhythmusstörungen, Epilepsie).
4. Auffällige, nächtliche Verhaltensweisen (Parasomnien wie Schlafwandeln, Verwirrtheitszustände).
5. Patienten mit hohem Leidensdruck.
6. Schwer behandelbare Schlafstörungen mit körperlichen oder seelischen Begleiterscheinungen, die in Wechselwirkung mit der Schlafstörung stehen.

Ursachen und Risikofaktoren

Die Ursachen für Schlafstörungen sind sehr vielfältig und reichen von Verkehrslärm und schlechten Schlafbedingungen über seelische Belastungen und Schmerzen bis hin zu Medikamenteneinnahmen und organischen Krankheiten. Nur bei einer vergleichsweise kleinen Gruppe der Betroffenen handelt es sich bei den Ursachen um schlafmedizinische Erkrankungen.
Bei chronischen Schlafstörungen sind die Ursachen oft Nebensache, da andere Faktoren hinzugekommen sind, die das Fortbestehen der Schlafstörung bedingen. In der Folge kann es zu einer Art Teufelskreis kommen, da sich die Problematik verselbstständigt.

Der gestörte Schlaf

Die verschiedenen Ursachen für einen gestörten Schlaf kann man unterteilen in innere, sogenannte intrinsische (lateinisch intrinsecus = inwendig) Faktoren, die körperlich oder psychisch bedingt sind (auch somatische Schlafstörungen genannt; griechisch soma = Körper, Leib). Zu diesen individuellen Ursachen zählen z. B. Schnarchen, Störung des Schlaf-Wach-Rhythmus, das Schlafapnoe-Syndrom, psychologische Faktoren oder speziell bei Frauen Schwangerschaft, Menstruation und Wechseljahre.

Die zweite Gruppe sind die durch äußere, sogenannte extrinsische (lateinisch extrensicus = von außen her) Faktoren ausgelösten Schlafstörungen. Hier sind äußere Einflüsse wie Lärm- oder Licht, aber auch ein ungeeignetes Bett oder Raumklima für eine gestörte Nachtruhe verantwortlich.
Nach Statistiken der Deutschen Gesellschaft für Schlafforschung ist die Ursache von Schlafstörungen bei mehr als der Hälfte der Betroffenen psychischer Natur – beispielsweise durch Stress und seelische Probleme.

Stress und seelische Probleme sind häufig verantwortlich für Schlafprobleme.

Mögliche Ursachen für Schlafstörungen

- Vom Betroffenen empfundene, aber irreale Schlafstörung (nicht selten, Diagnose durch Schlaftagebuch)
- mangelhafte Schlafhygiene (unsteter Lebenswandel)
- zu wenig Zeit für Schlaf
- Störungen im Biorhythmus; zirkadiane Störung des Schlaf-Wach-Rhythmus
- Belastungssituationen (Lärmbelästigung, Schmerzen)
- Kaffee, Alkohol, Drogen, Medikamente (z. B. Appetitzügler)
- Depression, Schizophrenie
- psychische Belastungen in der Familie oder am Arbeitsplatz, Sorgen, Ärger, Trauer, Ängste, Stress, Burn-out-Syndrom
- erlernte Schlafstörung: eine reale, akute Belastung verursachte eine Schlafstörung, die fortbesteht, obwohl die Belastung nicht mehr existiert
- Folgen anderer Erkrankungen (z. B. Schmerzen, Diabetes, neurologische Erkrankungen wie Parkinson, Demenz, Alzheimer; Schlafapnoe, Restless-Legs-Syndrom, Erkältungen)

Innere Ursachen und Risikofaktoren

Jetlag und Nachtleben

Ausgiebiges Feiern bis tief in die Nacht, Discobesuche die erst in den frühen Morgenstunden enden und Reisen in ferne Länder über mehrere Zeitzonen in kürzester Zeit – die moderne Welt hält einige Möglichkeiten für uns bereit, die innere Uhr zu irritieren.

Mit gezielter Schlafhygiene (siehe Seite 83 ff.) lassen sich aber die dadurch entstandenen Probleme aber schnell wieder in den Griff bekommen.

Schichtarbeit

Etwa ein Fünftel aller Erwerbstätigen verrichtet in unserer Gesellschaft heutzutage Schichtarbeit. Dass diese Form der Arbeit besonders belastend ist, steht außer Frage. Es scheint aber so zu sein, dass Menschen, die eher dem Typus „Eule" zuzuordnen sind, mit wechselnden Arbeits- und Ruhephasen besser zurechtkommen als die klassischen Frühaufsteher, die „Lerchen". Durch die andauernden Rhythmusänderungen ist der Organismus verstärkt Stress ausgesetzt, sodass langjährige Schichtarbeit ebenso wie Nachtarbeit zu einer dauerhaften Beeinträchtigung der Gesundheit führen kann. Jüngere Menschen haben weniger Probleme mit der Umstellung auf unterschiedliche Schichten als Mitarbeiter im fortgeschrittenen Alter.

Schnarchen

So manche Frau weiß ein leidvolles Lied davon zu singen: Kaum dass man sich mit seinem Partner zu Bett begeben hat, nimmt das Unglück seinen Lauf: Der Mann schläft ein und schnarcht, dass die Wände wackeln und seine Herzensdame tut derweil die halbe Nacht kein Auge zu. In vielen Schlafzimmern ist dieses Szenario alltäglich. Nicht selten scheint der einzige Ausweg, dass sich einer der Partner eine Bettstatt in einem anderen Raum suchen muss. So manche Partnerschaft wurde durch das Schnarchen schon auf eine harte Probe gestellt.

Aber nicht nur der von der nächtlichen Ruhestörung genervte Partner leidet. Zwar ist dem Betroffenen selbst oft nicht bewusst, welchen Schaden seine Gesundheit durch das nächtliche Schnarchen davontragen könnte, tatsächlich aber gilt dauerhaftes Schnarchen heute als Ursache für viele Krankheiten.

So beeinträchtigt regelmäßiges und häufiges Schnarchen nicht nur die Schlafqualität, sondern kann auf Dauer ähnliche gesundheitliche Folgen nach sich ziehen wie das Schlafapnoe-Syndrom. Bei schnarchenden Menschen muss besonders das Herz nachts Schwerstarbeit leisten. Denn dieses ist beim Schnarchen beinahe so belastet, als würde man joggen. Menschen die schnarchen fehlt also die Möglichkeit zur nötigen nächtlichen Regeneration und der Körper steht dadurch unter Dauerstress. Langjähriges Schnarchen ist somit ein Alarmzeichen und kann zu einem erhöhten Infarkt- oder Schlaganfallrisiko führen.

Wenn Kinder schnarchen

Kinder, die schnarchen, haben nicht selten ein Problem mit vergrößerten Mandeln oder Polypen. Unterrichten Sie ihren Kinderarzt, falls Ihr Kind mehr als drei- bis viermal in der Woche schnarcht. Achten Sie auch auf Atempausen. Kinder reagieren auf eine solche Schlafstörung nicht mit vermehrter Tagesmüdigkeit, sondern neigen zu Verhaltensauffälligkeiten und Überaktivität. Auf längere Sicht unbehandelt kann es zu Entwicklungsverzögerungen kommen. Auffassungsgabe, Merkfähigkeit und Aufmerksamkeit leiden unter der mangelnden Schlafqualität, schulische Leistungen verschlechtern sich unter Umständen. Bei verhaltensaufälligen und hyperaktiven Kindern sollte man also nicht immer gleich an die derzeit populäre Diagnose „hyperaktives Kind"/ADHS (AufmerksamkeitsDefizit-/HyperaktivitätsStörung) denken, sondern sich erst einmal den Schlaf des Kinds anschauen. Mit der operativen Entfernung/Verkleinerung von Polypen oder Mandeln kann man das kindliche Schnarchen ebenso wie die Schlafapnoe meist erfolgreich behandeln.

Schnarchen ist immer ein Hinweis auf eine Behinderung der Atmung und kann insbesondere bei häufigem und sehr lautem Schnarchen ein Anzeichen für Schlafapnoe sein.

Bei Schwangeren kann Schnarchen erstmalig auftreten und ein Hinweis auf Bluthochdruck sein, der sich auf die Entwicklung des Babys ungünstig auswirken könnte. Setzen Sie in einem solchen Fall Ihren Arzt davon in Kenntnis, dass Sie schnarchen. Nach der Schwangerschaft hört das Schnarchen meist wieder von allein auf.

Mangelnde Schlafhygiene

Bei einer großen Zahl der Menschen, die Ein- oder Durchschlafstörungen beklagen, liegt die Ursache in dem jeweiligen Lebenswandel. Hierfür wird die Bezeichnung Schlafhygiene verwendet, ein Sammelbegriff für alle Lebensgewohnheiten und Verhaltensweisen, die einen gesunden Schlaf fördern.

So gibt es bei vielen Menschen häufig keine Übergangsphase vom aktiven Tagesleben hin zur Nachtruhe. Viel zu oft wird die Nachtruhe als nicht gelebte Zeit fehlinterpretiert und entsprechend nachlässig behandelt. Immer wieder länger fernsehen und auch mal vor dem Gerät einschlafen, im Bett ein Buch lesen und bei angeschaltetem Licht einschlafen und zwischendurch die vielen gesellschaftlichen Verpflichtungen, von denen man sich auch nicht so zeitig verabschieden kann – durch das häufige unregel-

mäßige Aufstehen und Zubettgehen summiert sich sehr schnell ein großes Schlafdefizit und der persönliche innere Rhythmus kommt aus dem Takt.
Auch das Ernährungsverhalten hat großen Einfluss auf die Schlafqualität. So ist zu reichliche und zu fetthaltige Ernährung schädlich für den Körper und auch für die Nachtruhe.
Genügend Bewegung und der Aufenthalt an frischer Luft im Tageslicht sind für eine gute Schlafqualität ebenfalls sehr wichtig. Sitzt man den ganzen Tag im Büro, kann dieser Mangel an körperlicher Auslastung auf Dauer zu Schlafstörungen führen.

Anregende Substanzen

In vielen Getränken wie Kaffee, Tee und Cola ist Koffein enthalten, das den Stoffwechsel und die Hirntätigkeit anregt. Das wirkt sich natürlich negativ auf den Schlaf aus. Auch verschiedene Medikamente, sowohl verschreibungspflichtige also auch frei erhältliche, können Koffein enthalten.
Nikotin wirkt ebenfalls anregend auf den Organismus, kann somit den Schlaf stören und aufgrund von Entzugserscheinungen Unterbrechungen des Nachtschlafs verursachen. Zigaretten und auch einige Medikamente enthalten z. T. erhebliche Mengen an Nikotin.

Nach dem Genuss von Alkohol lässt die Aktivität des Gehirns nach, man wird träge und müde. Zwar scheint dies zunächst beim Einschlafen hilfreich zu sein, später kommt es aber nicht selten zu Schlafunterbrechungen. Ein Bierchen zu viel vor dem Einschlafen verursacht oft zwischenzeitliches Aufwachen, Harndrang, Albträume und häufig Kopfschmerzen am nächsten Morgen.

Dauerstress

Wie bereits erwähnt, ist Stress an sich nichts Negatives, sondern kann im Gegenteil den Menschen anspornen und motivieren. Wenn Erwartungsangst und seelische Belastungen allerdings überhandnehmen, können diese zu einem gestörten Schlaf führen. Da der Körper, wenn man gestresst ist, auf Hochtouren läuft, kann er sich

In der Regel ist nicht allein ein Faktor als Ursache für die Schlafstörung verantwortlich.

Männer mit Prostatabeschwerden sowie Menschen, die an einer Herzschwäche leiden, müssen nachts häufig zum Wasserlassen, was eine Ursache für Schlafstörungen sein kann.

nicht auf die Ruhephase einstellen und abschalten. Häufig ist zu beobachten, dass Menschen, die längere Zeit unter Stress litten, weiterhin einen gestörten Schlaf haben, auch nachdem die stressige Situation erfolgreich bewältigt wurde. So entwickelt sich eine erlernte (konditionierte) Insomnie aus einer aufgrund von realen, akuten Belastungen ausgelösten Schlafstörung, obwohl die Belastung nicht mehr existiert.

Spezifische Ursachen bei Frauen

Es gibt auch einige Ursachen für Schlafstörungen, die nur auf Frauen zutreffen. So berichten zahlreiche Frauen, dass sie während ihrer Menstruation, im Laufe einer Schwangerschaft (Ammenschlaf) oder in den Wechseljahren Schwierigkeiten beim Ein- bzw. Durschlafen haben.

Krankheiten

Es gibt auch verschiedene Krankheiten, die eine Schlafstörung verursachen können. Hierbei sind insbesondere Krankheiten mit Schmerzen zu nennen, da diese einen erholsamen Schlaf meist unmöglich machen (Migräne, Osteoporose, Rheuma).

Auch neurologische Erkrankungen, bei denen das Gehirn betroffen ist, wie Parkinson, Demenz oder Alzheimer, können zu Schlafproblemen (wie Umkehr des Tag-Nacht-Rhythmus) führen.

Atemwegserkrankungen wie Asthma, Bronchitis oder Schlafapnoe behindern eine problemlose Atmung bei den Betroffenen und verursachen Atemnot, Husten und Brustschmerzen, was wiederum den Schlaf stört.

Da man bei Harnwegserkrankungen viel trinken sollte, muss man nachts häufig auf die Toilette, was in der Folge dazu führt, dass man kaum eine längere Zeit am Stück durchschläft. So erreicht man im Laufe der Nacht meist keine Tiefschlafphase und der Erholungseffekt verringert sich.

Menschen, die unter Herzerkrankungen leiden, werden häufig durch ein Engegefühl in der Brust geweckt. Aber auch Medikamente, die bei Bluthochdruck verschrieben werden, können belebend wirken und so das Ein- bzw. Durchschlafen verhindern.

Weiterhin können folgende Krankheitsbilder für eine Schlafstörung verantwortlich sein:

- Magen-Darm-Erkrankungen (oft Magenschmerzen in den frühen Morgenstunden)
- Stoffwechselerkrankungen (z. B. Erkrankungen der Schilddrüse)
- Wadenkrämpfe, Restless-Legs-Syndrom
- Hautkrankheiten mit Juckreiz

Äußere Ursachen und Risikofaktoren

Schlafumgebung

Die falsche Matratze kann zu Muskelverspannungen und zu Verkrampfungen führen, was wiederum den Schlaf negativ beeinflusst. Auch das Bettzeug kann verantwortlich sein für einen unruhigen Schlaf, (Dicke, Material), ebenso Allergene im Umfeld (Milben, Hausstaub etc.). Weitere Faktoren im Schlafzimmer, die bei der Qualität des Schlafs eine Rolle spielen sind:

- Raumtemperatur
- Lichteinwirkung
- Belüftung

Geräusche

Hier kann sowohl der schnarchende Partner oder das Ticken des Weckers neben dem Bett als auch die feiernden Nachbarn oder die Straßenkreuzung vor dem Fenster als Störfaktor wirken. Besonders in Innenstädten ist auch nachts die Lärmbelästigung oftmals beachtlich. Neben Verkehrslärm belasten Industrie, Handwerk und Gewerbe (z. B. Gaststätten und Discotheken) die nähere Umgebung durch Lärm.
Allerdings haben die einzelnen Lärmquellen einen jeweils anderen Einfluss auf die Schlafqualität und werden häufig als unterschiedlich störend empfunden. Während unser Gehör entwicklungsgeschichtlich immer noch an das durchschnittliche Geräuschaufkommen in freier Natur angepasst ist, schätzt man die mittlere Schallintensität in einer städtischen Wohnanlage 1.000- bis 10.000-mal höher ein.
Auf anhaltende Lärmbelastung reagiert der Mensch langfristig mit Stresssymptomen, was das Risiko für Schlafstörungen, Herz-Kreislauf- sowie Magen-Darm-Erkrankungen erhöht. Besonders wenn man schlafen möchte und sich von Geräuschen gestört fühlt, sollte man, sofern man die Ursache nicht beseitigen kann, Ohrstöpsel verwenden. Anfangs sind sie zwar ungewohnt, aber man gewöhnt sich schnell daran und sie dämmen den Lärm effektiv ein.

Die steigende Zahl der Autos sowie die Zunahme des Flugverkehrs führen immer häufiger auch nachts zu erheblichen Lärmbelästigungen.

Freuen Sie sich auf den Schlaf!

Schlaf sollte nicht als lästiges oder notwendiges Übel empfunden werden. Lernen Sie Ihren Schlaf wieder Wert zu schätzen und freuen Sie sich auf die wohlverdiente Nachtruhe! Schon eine positive Einstellung trägt zur Verbesserung der Schlafqualität bei.

Regeln für einen erholsamen Schlaf

Jeder Mensch kann durch die Einhaltung bestimmter Regeln seine Schlafqualität fördern und gesundheitsschädigende Schlafstörungen vermeiden. Diese Regeln des guten Schlafs, auch Schlafhygiene genannt, betreffen Verhaltensweisen und Rituale des täglichen Lebens, die problemlos umgesetzt werden können. Hierzu gehören beispielsweise ein ausgeglichener Lebenswandel, eine gesunde Ernährung, genügend Bewegung an der frischen Luft, die Vermeidung von Stress und die schlafgerechte Einrichtung des Schlafbereichs.

Werden Sie selbst aktiv!

Ungefähr 25 Prozent der Erwachsenen leiden an Schlafstörungen und über zehn Prozent beschreiben ihre Nachtruhe als häufig bzw. dauerhaft nicht erholsam. Der Großteil der Betroffenen ist diesem Schicksal jedoch keineswegs hilflos ausgeliefert. Denn bei den meisten Menschen, die unter Schlafstörungen leiden, können diese Beschwerden mithilfe von leicht durchführbaren Selbsthilfemaßnahmen ohne Einnahme von Medikamenten oder ohne sonstige medizinische Behandlungen behoben werden. Durch die Befolgung der Regeln der Schlafhygiene kann man also Ein- und Durchschlafstörungen vorbeugen und somit zu einem aktiven und gesunden Leben beitragen.

Deshalb: Werden Sie aktiv, je früher desto besser! Ändern Sie Ihren Lebensstil hin zu einem schlafgesunden Lebenswandel: Sorgen Sie für ausreichend Bewegung, eine gesunde Ernährung, Entspannung und Ruhephasen während der Arbeit. Denn schon mit kleinen Verhaltensänderungen können Sie selbst für einen ausgeglichenen und erholsamen Schlaf sorgen und damit auch für Zufriedenheit und Wohlbefinden während des Tags.

Regeln der Schlafhygiene

Ein geregelter Tag garantiert eine gute Nacht

Die Zeiten des Aufstehens und Zubettgehens sind wichtige Taktgeber für den eigenen Biorhythmus, von dem auch die Hormonzyklen und die Rhythmen von Atmung und Kreislauf abhängen. Gehen Sie möglichst jeden Tag ungefähr zur selben Zeit zu Bett und stehen Sie morgens zur selben Zeit auf. Auch wenn Sie einmal schlecht geschlafen haben, ist dies sinnvoll. In den Folgenächten werden Sie vermutlich umso besser und tiefer schlafen. Haben Sie keine Angst, zu wenig Schlaf zu bekommen. In der Regel gleicht sich ein entstandenes Defizit schnell wieder aus.

Vermeiden Sie anstrengende Tätigkeiten kurz vor dem Zubettgehen, ganz gleich ob geistiger oder körperlicher Natur, sondern gönnen Sie sich bewusst und regelmäßig eine Ruhephase. Mit langsamer, ruhiger Musik können viele Menschen gut entspannen. Ob Meditationsmusik, eine Sona-

Planen Sie Ihren Tag! Für Kinder, aber auch für Erwachsene ist ein strukturierter Tagesablauf mit festen Ritualen wichtig.

te von Schubert oder Chansons – finden Sie Ihre persönliche Einschlafmusik. Manche Menschen haben gute Erfahrungen mit spezieller Entspannungsmusik (Meditationsmusik) oder leise laufenden Hörbüchern gemacht. Oder nehmen Sie abends ab und zu ein wohltuendes Bad mit entspannenden ätherischen Ölen (z. B. Melisse, Lavendel). Sollten noch wichtige oder belastende Gedanken auf der Seele brennen, so hilft es, diese aufzuschreiben.

Die passenden Rahmenbedingungen: das Schlafumfeld

Nicht zu unterschätzen ist die Bedeutung eines angemessenen Umfelds, das eine angenehme Nachtruhe gewährleisten kann. Ein abgedunkelter Raum und ein bequemes Bett tragen wesentlich zu einer entspannten und wohltuenden Nachtruhe bei.

Zimmeraufteilung

Um festzustellen, was den Schlaf möglicherweise stört, sollten Sie einen Grundriss Ihrer Wohnung (am besten mit Himmelsrichtungen) erstellen. Vermerken Sie darauf dann Folgendes: Wie werden die einzelnen Zimmer genutzt, wo steht das Bett, welche Lärmquellen (innen und außen) gibt es (z. B. Wasserrohre, Haustür, Kinderzimmer, Straße, Fabrik) etc. Danach können Sie überlegen, was Sie an Ihrer Schlafsituation verbessern können, z. B. ob Sie Ihr Bett umstellen sollen oder ob sich evtl. ein anderes Zimmer besser als Schlafzimmer eignet.

Klima

Die Zimmertemperatur sollte so eingestellt sein, dass man unter der Bettdecke weder friert noch

schwitzt. Das Schlafzimmer sollte dabei eher kühl als warm sein, aber nicht kalt. Nach Möglichkeit sollte sich ein Fenster auf Kippe stellen lassen, sodass eine ausreichende Frischluftzufuhr gewährleistet ist, ohne dass es zieht. Achten Sie darauf, dass die Raumfeuchtigkeit ungefähr 50 Prozent beträgt. Am besten ist es, wenn das Schlafzimmer nach Norden ausgerichtet ist, da die Sonne nur morgens ins Zimmer scheint und es tagsüber nicht so sehr aufheizen kann. Rollläden, Fensterläden oder Markisen können ebenfalls dabei helfen, das Schlafzimmer im Sommer kühl zu halten.

Geräusch- und Lichtquellen

Das Schlafzimmer sollte wenn möglich immer in einem ruhigen Teil der Wohnung liegen (zum Garten, Hinterhof). Achten Sie auch darauf, dass das Bett nicht an der Wand steht, die direkt an das Treppenhaus oder das Kinderzimmer der Nachbarn grenzt. Rollläden oder dicke Vorhänge halten sowohl Lärm als auch Licht ab. Gegen störende, unvermeidbare Geräusche leisten die bekannten Ohrstöpsel, an die man sich im Allgemeinen schnell gewöhnt, gute Dienste. Eine weitere, allerdings etwas kostspielige Möglichkeit ist es, beispielsweise (wenn noch nicht vorhanden) schalldichte Fenster einzubauen oder die Wände mit einer zusätzlichen Lärm abwehrenden Dämmschicht zu versehen.

Wie man sich bettet, so liegt man

„Wie man sich bettet, so liegt man" lautet ein altes Sprichwort. Und so liegt man nicht nur, so gut oder schlecht schläft man auch. Von der Prinzessin auf der Erbse wissen wir, wie wichtig die richtige Unterlage für einen tiefen und erholsamen Schlaf ist. Entscheidend ist, dass die Qualität von

Matratze, Kopfkissen und Decke es ermöglichen, eine entspannte und bequeme Haltung einzunehmen. Im Laufe der Nacht wechselt jeder Mensch mehrfach seine Schlafposition. Während man in jungen Jahren davon kaum Kenntnis nimmt, wird der Mensch mit zunehmendem Alter empfindlicher und es können Rücken-, Druck- und Gelenkschmerzen auftreten. Diese Schmerzen verlängern die Wachphasen und beeinträchtigen die Schlafqualität.

Neben den traditionellen Federkernmatratzen gibt es inzwischen Matratzen aus einem speziellen elastischen Schaumstoff, der nahezu optimal auf das Gewicht und die Wärmeabstrahlung des Schläfers reagiert und so eine sehr gute Druckentlastung ermöglicht. Der Schaumstoff gibt bei Lageveränderungen nach und bildet wie ein Negativ die Köperkonturen nach. Studien zufolge kann das Schlafen auf einer solchen Matratze die nächtlichen Positionswechsel deutlich reduzieren und so die Schlafqualität erheblich verbessern. Dieser Matratzentypus, der inzwischen auch in Krankenhäusern und Altenheimen vielfach zum Einsatz kommt, ist also ideal für ältere Menschen, Schmerzpatienten oder Sportler mit stark beanspruchtem Bewegungsapparat.

Zur Entspannung von Hals- und Nackenmuskulatur benutzen die meisten Menschen Federkissen, die gegenüber herkömmlichen orthopädischen Kissen den großen Vorteil der Formbarkeit haben. Mittlerweile gibt es aber für diejenigen, die trotz Federkissen noch Verspannungen haben, formbare Kissen aus dem erwähnten Schaumstoff, die gleichzeitig die Halswirbelsäule stützen und von Druck entlasten sollen.

Zimmereinrichtung

Die Schlafumgebung sollte in beruhigenden Tönen gehalten sein. Das Schlafzimmer sollte man verdunkeln und belüften können und es sollte möglichst ruhig sein.

Elektrogeräte wie PC, Fernseher, Telefon oder Radio gehören nicht ins Schlafzimmer. Einerseits ver-

Richten Sie Ihr Schlafzimmer funktional ein – gleichzeitig sollte es aber gemütlich wirken und ein Raum sein, in dem Sie sich gern aufhalten.

Platz im Bett

Auch die Größe des Betts spielt für die Schlafqualität eine Rolle. Schließlich bewegt man sich während einer Nacht relativ häufig. Es gibt zwar keine generelle Vorgabe, wie groß ein Bett sein soll. Als Orientierung gilt aber: Das Bett sollte 20 Zentimeter länger als die Körpergröße und mindestens ein Meter breit sein. Wichtigste Voraussetzung ist aber natürlich immer, dass Sie sich in dem Bett wohlfühlen, ob Sie es nun bevorzugen, mit weit ausgebreiteten Armen zu schlafen oder lieber Körperkontakt zum Partner haben.

ändern sie den Charakter eines Schlafzimmers, das tatsächlich vor allem dem Schlafen und der körperlichen Liebe vorbehalten sein sollte, andererseits belasten sie die Umgebung unnötig mit Elektrosmog.

Pflanzen sind sinnvoll, sofern keine Allergien vorliegen, denn sie verbessern das Raumklima, da sie tagsüber durch Fotosynthese das Kohlendioxid, das wir quasi als Abfallprodukt abatmen, in reinen Sauerstoff umwandeln. Achten Sie aber auf eine regelmäßige Pflege der Blumenerde, da sich hier leicht Schimmelpilze ansiedeln können. Pflanzen in Hydrokultur können hier eine Alternative sein. Bestimmte Pflanzenarten empfehlen sich nicht für einen Schlafraum, beispielsweise weil sie ätherische Öle und Duftstoffe abgeben, die Kopfschmerzen verursachen und den Schlaf stören können (z. B. viele Blühpflanzen). Die meisten Grünpflanzen sind jedoch unbedenklich. Wenn Sie sich unsicher sind, lassen Sie sich am besten von einem Gärtner diesbezüglich beraten.

Getrennte Betten

Paare sollten sich außerdem darüber klar werden, ob ein Bett oder gar ein ganzes Schlafzimmer für jeden allein die Schlafqualität fördert oder mindert. Für beides gibt es gute Argumente: Manche Menschen benötigen die vertrauensvolle Nähe des Partners, andere wiederum stören sich an dem beengten Raum im Bett. Auch ein schnarchender Partner kann ein guter Grund dafür sein, ein eigenes Schlafzimmer zu bevorzugen.

Grübeln verboten

Wenn man Ängste vor Schlaflosigkeit hat, ist es am wichtigsten, nicht ständig darüber nachzugrübeln. Versuchen Sie erst gar nicht angestrengt einzuschlafen, sondern bleiben Sie stattdessen wach, ohne sich darüber zu ärgern. Statt über die möglichen Folgen einer unzureichenden Nachtruhe nachzudenken, sollten Sie sich bewusst auf beruhigende, positive und angenehme Gedankeninhalte konzentrieren.

Versuchen Sie die Kontrolle über Ihre Gedanken zu behalten. Ein kurzes, ritualisiertes Nachdenken über das Tagesgeschehen, evtl. in Form eines Gebets, ist sinnvoll, belastende Situationen sollten aber nur kurz bedacht und zügig „abgehakt" werden. Für Problemlösungen sollte die Zeit am Tag genutzt werden. Schließen Sie Ihre Vorstellung vom vergangenen Tag mit angenehmen Gedanken ab (siehe Entspannungsübungen Seite 94 ff.) und gehen Sie mit positivem Gefühl für den neuen Tag in den Schlaf.

Liegen Sie dennoch einmal eine Weile wach, so freuen Sie sich über die Zeit der Ruhe und Besinnung, anstatt über den gestörten Schlaf zu grübeln. Am nächsten Morgen heißt es dann, unbedingt pünktlich aufzustehen und den Tag mit einer „Jetzt erst recht"-Mentalität anzugehen.

Aspekte der Ernährung

Eine gesunde Ernährung hat einen positiven Einfluss auf die Schlafqualität. Empfehlenswert – nicht nur für einen guten Schlaf, sondern für einen rundum gesunden Körper und Geist – ist eine vollwertige und abwechslungsreiche Ernährung mit viel frischem Obst und Gemüse, Vollgetreide, Kartoffeln, Milchprodukten sowie wenig Fett und fettreichen Lebensmitteln und einem sparsamen Einsatz von Salz und Zucker.

Der tägliche Speiseplan

„Morgens sollst du essen wie ein Kaiser, mittags wie ein König und abends wie ein Bettelmann" – in diesem Sprichwort wird die Bedeutung des Frühstücks als wichtigste Mahlzeit des Tags deutlich. Achten Sie darauf, dass Frühstück und Mittagessen Ihre Hauptmahlzeiten sind. Eine leichte Mahlzeit vor dem Schlafengehen rundet den Tag ab und verhilft zu einer ungestörten Nachtruhe.

Man sollte niemals hungrig ins Bett gehen, aber auch keine opulenten Mahlzeiten kurz vor dem Schlafengehen zu sich nehmen. Schwer verdauliche Speisen wie z. B. fettes Fleisch oder Rohkost, Hülsenfrüchte und Gebratenes belasten den Verdauungstrakt. In der Folge kommt es zu Ein- und Durchschlafstörungen und der Schlaf bringt nicht die erwünschte Erholung. Auch auf Mahlzeiten mit einfachen Kohlenhydraten (Zucker) sollte man abends wenn möglich verzichten, da diese größtenteils in den Fettdepots eingelagert werden und dadurch zu Übergewicht führen.

Schichtarbeiter haben einen erhöhten Bedarf an Eiweiß und Kohlenhydraten.

Lebensmittel wie Kaffee, Zucker, Weißmehl und auch Fleisch, welche die Säurebildung fördern, sollten Sie vor dem Schlafengehen meiden, da sie Sodbrennen verursachen können. Aber auch Kohl oder Kraut, teilweise auch Hülsenfrüchte, sind nicht empfehlenswert als Betthupferl, da die

Achten Sie auf eine ausgewogene Ernährung! Auch Mangelzustände können zu Schlafstörungen führen.

häufig folgenden Blähungen die Nachtruhe stören können.

Sinnvolle Hinweise für eine ausgewogene und gesunde Ernährung gibt die Deutsche Gesellschaft für Ernährung (DGE) in ihren aktuellen Empfehlungen. Danach gehören Getreideprodukte ebenso auf den täglichen Speiseplan wie Milch und Milchprodukte, Obst und Gemüse sollten sogar idealerweise fünfmal täglich konsumiert werden. Der Verzehr von Fisch mindestens einmal in der Woche gilt ebenfalls als gesund. Bei Fleisch, Wurst und Eiern heißt es allerdings Maß halten, ebenso wie bei Zucker und Salz. Nahrungsmittel mit gesättigten Fettsäuren sollte man möglichst vermeiden.

Die Zubereitung der Speisen sollte schonend erfolgen. Sehr wichtig ist hierbei, dass die gesunde Ernährung auch schmeckt, eine

Rezepte für beruhigende Tees

Beruhigungstee: 2 TL Hopfenblüten (alternativ: Baldrianwurzel, Melissenblätter, Johanniskraut) mit einem halben Liter kochendem Wasser übergießen, 5 Minuten ziehen lassen und abseihen.

Schlaftee: 20 g Baldrianwurzel, 30 g Hopfenzapfen und 30 g Melissenblätter mischen. 2 TL dieser Kräutermischung in eine Tasse geben, mit kochendem Wasser übergießen und einige Minuten ziehen lassen.

Orientierung an Rezepten aus dem Mittelmeerraum kann hinsichtlich dieser Aspekte hilfreich sein. Die Mittelmeerküche mit einem Schwerpunkt auf Obst, Gemüse und Hülsenfrüchten sowie hochwertigen Ölen mit vorwiegend ungesättigten Fettsäuren bietet eine Abwechslung im Speiseplan. Und natürlich sollte man auf die Qualität der Lebensmittel großen Wert legen: Wegen des höheren Gehalts an Vitaminen und Mineralien sowie geringerer Schadstoffbelastung sollten Bioprodukte die erste Wahl sein.

Heiße Milch mit Honig

Man sollte die Wirkung einer Milch mit Honig nicht überbewerten, aber ein Schlaf anstoßender Effekt der in Milch und allen Milchprodukte enthaltenen Substanz Tryptophan gilt als wissenschaftlich erwiesen. Man schreibt dieser Substanz eine leicht stimmungsaufhellende Wirkung zu, denn Tryptophan ist eine Vorstufe des „Glückshormons“ Serotonin.

Der verhältnismäßig hohe Tryptophangehalt der Milch scheint sich positiv auf den Schlaf auszuwirken, ebenso wie das in der Milch enthaltene Kalzium.

Übergewicht reduzieren

Schnarchen ist ein großes Problem für viele Menschen und behindert einen ungestörten Schlaf. Rauchen, Alkohol und Übergewicht begünstigen diese nächtlichen Atemgeräusche, weshalb es sinnvoll ist, auf Genussmittel zu verzichten und die überzähligen Kilos zu reduzieren.

Das Normalgewicht eines Menschen kann mithilfe des Body-Mass-Index (BMI) berechnet werden. Diese Formel berechnet das Verhältnis von Körpergewicht zur Körpergröße (Quotient aus Gewicht und Körpergröße zum Quadrat). Bei stark übergewichtigen Personen ist der Versuch einer Gewichtsabnahme in jedem Fall anzuraten.

Berechnung des Body-Mass-Index

Körpergewicht in kg : Körpergröße in m^2

Beispiel für einen 30-jährigen Mann:

Körpergewicht: 80 Kilo

Körpergröße: 1,70 Meter

Berechnung: $\frac{80\ \text{kg}}{1{,}70\ \text{m} \times 1{,}70\ \text{m}} = 27{,}7$ BMI

Der BMI-Normalwert für Frauen beträgt 19 bis 24,9 und für Männer 20 bis 25. Ein BMI-Wert über 25 wird als Übergewicht definiert. Ab einem BMI von 30 beginnt die Adipositas (Fettsucht), eine über das normale Maß hinausgehende Vermehrung des Körperfetts.

Im Internet gibt es zahlreiche kostenlose BMI-Berechner.

Faustregel: Mit einem halben Liter Milch und ein bis zwei Scheiben Käse (z. B. Emmentaler) decken Sie bereits Ihren Tagesbedarf von 1.000 Milligramm Kalzium!

Warme Milch

1 Tasse Milch mit etwas Safran 30 Minuten auf kleiner Flamme köcheln lassen. Gemahlene Mandeln, eine Messerspitze Muskatnuss und bei Bedarf ein wenig braunen Zucker dazugeben und vor dem Schlafengehen warm trinken.

Magnesium

Magnesium ist eine wichtige, Stress abbauende Substanz, die u. a. verantwortlich für die Muskelarbeit und die Informationsübertragung von den Nerven auf den Muskel ist. Magnesium wirkt außerdem dämpfend auf den Sympathikus (Teil des vegetativen Nervensystems, siehe Seite 28) und kann zur Beruhigung und besserem Schlaf beitragen. Magnesiumreiche Mineralwässer sind empfehlenswert, auch eine Nahrungsergänzung über Brausetabletten kann schlaffördernd sein.

Kalzium

Kalzium, besonders aus der Milch, hat eine beruhigende Wirkung auf den Organismus, denn es begünstigt die Entspannung der Muskulatur und der Nerven. Daher ist eine ausreichende Versorgung des Körpers mit diesem lebenswichtigen Mineral auch für einen gesunden Schlaf von großer Bedeutung.

Für die optimale Kalziumversorgung müssen nicht Riesenportionen an Milchprodukten verzehrt werden, ein halber Liter Milch oder ein gleichwertiges Milchprodukt (z. B. 50 Gramm Hartkäse) täglich reichen normalerweise aus, um in Kombination mit anderen Lebensmitteln eine ausreichende Versorgung zu gewährleisten. Beachten Sie, dass mehrere kleine Mahlzeiten über den ganzen Tag verteilt besser für den Stoffwechsel wie auch für die Kalziumaufnahme sind als ein bis zwei große Portionen.

Genussmittel

Ehemalige Raucher, die dieses Laster aufgegeben haben, berichten häufig über schnelleres Einschlafen und besseres Durchschlafen, nachdem die anfänglichen Entzugserscheinungen überwunden waren.

Etwa drei bis vier Stunden vor der Schlafenszeit sollten koffeinhaltige Substanzen grundsätzlich nicht mehr eingenommen werden. Wie bei den meisten Dingen des Lebens ist es vorteilhaft, ein gesundes Maß zu halten: Bis zu fünf Tassen Kaffee, am besten über den Tag verteilt, haben gewöhnlich keinen negativen Einfluss auf den Nachtschlaf, aber ein übermäßiger und regelmäßiger Konsum kann zu Entzugserscheinungen und Schlafproblemen in der Nacht führen.
Überhaupt setzt sich in jüngster Zeit die Erkenntnis durch, Kaffee sei besser als sein Ruf. Sein Konsum wirkt sich nicht negativ auf die Flüssigkeitsbilanz aus, wie bisher geglaubt und auch für Personen mit erhöhtem Blutdruck gilt Kaffee in Maßen als unbedenklich. Wissenschaftler bescheinigen dem Kaffee neuerdings sogar eine Reihe positiver Effekte: Er soll Krebs vorbeugen, die Bitterstoffe sollen die Zähne vor Karies schützen und das Vitamin Niacin die Stoffwechselfunktionen ankurbeln.

Grundsätzlich ist aus den bereits genannten Gründen von Alkohol abzuraten. Aber auch hier gilt wie bei so vielen Dingen: Die Dosis macht das Gift. Gelegentlich und in Maßen genossen kann Bier ebenso wie Wein der Gesundheit durchaus zuträglich sein.

Ohne Stress gut schlafen

Stress ist zunächst einmal eine gesunde und normale Reaktion des Organismus, die den Körper und Geist in Aktivität versetzt und dabei hilft, neue Herausforderungen zu bewältigen. In der modernen Gesellschaft hat Stress allerdings immer öfter schädliche Auswirkungen auf die Gesundheit, denn Zeit- und Erfolgsdruck führen schnell zu einer Überforderung. So sind Schlafstörungen, Magengeschwüre, Bluthochdruck oder Herzinfarkt typische Folgen, die mit Stress assoziiert werden. Wer negativen Stress empfindet, kann in der Regel nicht schlafen und wer nicht schlafen kann – der hat Stress! Hier bahnt sich schnell ein Teufelskreis an.

Den Ursachen für Stress können Sie auf verschiedene Arten begegnen. Zunächst müssen Sie herausfinden, was Sie aktuell besonders belastet. Haben Sie den Grund erkannt, sollten Sie versuchen, den Auslöser entweder aus-

Insbesondere in Städten und eng besiedeltem Gebiet spielt der Verkehrslärm eine immer wichtigere Rolle bei gesundheitlichen Belastungen für die Anwohner.

Die beruhigende Wirkung von Lavendel können Sie z. B. mithilfe einer Duftlampe, in die Sie Lavendelöl geben, genießen.

zuschalten oder zu umgehen. Fühlen Sie sich z. B. im Arbeitsalltag von bestimmten Tätigkeiten überlastet, überdenken Sie Ihre Tagesaktivitäten, planen Sie anders und delegieren Sie nach Möglichkeit einige Aufgaben.

Setzen Sie sich realistische Ziele, fordern Sie sich, ohne sich zu überfordern.

Überdenken Sie dabei Ihre Ansprüche an sich selbst – viele Menschen neigen dazu, diese zu hoch anzusetzen. Gönnen Sie sich nötige Auszeiten. Sie werden sehen, sobald Sie sich weniger gestresst fühlen, steigt auch wieder Ihre Leistungsfähigkeit. Suchen Sie bei Partnerschafts- oder anderen Konflikten früh die Aussprache, anstatt zunächst alles „in sich hinein zu fressen". Nehmen Sie im Bedarfsfall auch professionelle Hilfe in Anspruch (psychologischen Psychotherapeuten).

Sehr hilfreich sind auch Entspannungstechniken und Stressbewältigungstrainings. Die Progressive Muskelentspannung nach Jacobson, autogenes Training, Yoga, Hypnose, Biofeedback-Training oder Meditation können einen positiven Einfluss auf die psychische Verfassung des Betroffenen haben. Denn mithilfe dieser Techniken lernt man, besser mit Nervosität, Angst und Stress umzugehen. Die Wirksamkeit dieser Entspannungstechniken ist wissenschaftlich belegt.

Ferner gibt es Stressbewältigungsprogramme (z. B. „Gelassenheit statt Stress"), die nicht nur Entspannungstechniken vermitteln, sondern auch die Ursachen beleuchten und bereits hier mit Veränderungen ansetzen.

Entspannung pur

Tief entspannt zu sein, d. h.:

- die Atmung ist ruhig und regelmäßig
- die Herzfrequenz ist normal
- die Gliedmaßen sind schlaff
- die Augenlider sind ruhig
- reflexhaftes Schlucken bleibt aus
- man zittert nicht
- die Handinnenflächen sind trocken
- ein angenehmes Gefühl von Ruhe breitet sich aus

Die Biofeedback-Therapie

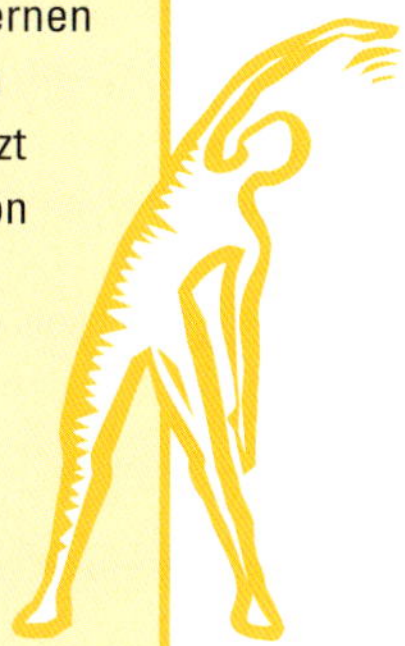

Hinter der Biofeedback-Therapie steckt die Idee, dass der Betroffene lernen kann, bestimmte, dem Bewusstsein nicht zugängliche Körperfunktionen wahrzunehmen und mithilfe von Willenskraft zu beeinflussen. Unterstützt wird er dabei von einer Computer gesteuerten Apparatur, welche die von Sensoren registrierten Signale der Muskelspannung, des Hautwiderstands und der Herzfrequenz grafisch umwandelt. Mittels verschiedenfarbiger Lichtsignale und Klänge erhält der Behandelte ein deutliches Feedback und nimmt so wahr, was gerade in seinem Inneren vorgeht.
Der Therapeut ist entweder ein Arzt oder ein psychologischer Psychotherapeut. Er zeigt dem Betroffenen Strategien auf, wie bestimmte Körperfunktionen gezielt beeinflusst werden können.
Durch diese wissenschaftlich anerkannte, verhaltenstherapeutische Methode lassen sich mit einiger Übung gewisse Mechanismen, die für eine Störung verantwortlich sind, immer besser und schneller kontrollieren. Um den Erfolg zu steigern, sollten zusätzlich zu den Biofeedback-Sitzungen bei dem behandelnden Therapeuten die Biofeedback-Übungen auch zu Hause geübt werden. Nach kurzer Zeit ist der Betroffene in der Lage, auch ohne akustisches oder optisches Feedback seine Körperfunktionen gezielt zu steuern.
Die klassischen Einsatzgebiete des Biofeedbacks sind Migräne, Stress- und Stressbewältigung, Schlafstörungen, chronische Schmerzen, Depressionen etc.
Eine gelegentliche Auffrischung der Biofeedback-Therapie ist nützlich, um zu überprüfen, ob die erlernten Strategien immer noch funktionieren oder ob möglicherweise neue Verhaltensmuster erlernt werden sollten.

Entspannungsverfahren und Stressbewältigungsverfahren helfen nicht nur, den Schlaf zu verbessern, sondern das Wohlbefinden insgesamt zu erhöhen.
Häufig stellt sich erst nach mehrfachem und regelmäßigem Praktizieren der Entspannungstechniken der gewünschte Effekt ein. Seien Sie deshalb geduldig, wenn es nicht gleich auf Anhieb klappt. Auf die erforderliche Rücknahme (siehe Kasten Seite 97) nach einem Entspannungstraining sollte man nur dann verzichten, wenn man wirklich schlafen will.

Das Jacobson-Training

Das Jacobson-Training (auch Progressive Muskelrelaxation oder Muskelentspannung), entwickelt von Edmund Jacobson (1885–1976), ist eine weitverbreitete Form der Tiefenmuskelentspannung, die vielfach auch bei Mitarbeitern in stressintensiven Beru-

Durch die akustischen und optischen Signale bei der Biofeedback-Therapie hat man eine unmittelbare Erfolgskontrolle und kann gezielt trainieren.

fen (Management, Klinikpersonal) zum Einsatz kommt.
Durch Stress oder Angst entstehen muskuläre Verkrampfungen. Gelingt es, aus eigener Initiative heraus diese Verspannungen zu lösen, soll dies auch einen positiven Effekt auf seelische Verspannungen haben.
Unter der Anleitung eines Trainers werden nacheinander alle Muskelpartien des Körpers bewusst kräftig angespannt und dann wieder gelockert. Das führt zu einer Durchblutungsförderung der jeweiligen Körperteile, die schließlich als warm und schwer empfunden werden. Durch diesen bewusst erlebten Unterschied zwischen der angespannten und entspannten Muskulatur lernen die Kursteilnehmer, auf Anspannung im Alltag rechtzeitig zu achten und dem ein bewusstes „Lockerlassen" entgegenzusetzen. Mit häufigerem Üben gelingt das immer besser und führt schließlich dazu, dass ein Zustand der Entspannung immer schneller erreicht werden kann.

Sehr gut eignet sich das autogene Training auch für Kinder.

Volkshochschulen, Familienbildungsstätten, Gesundheitszentren und ähnliche Einrichtungen bieten die Progressive Muskelentspannung nach Jacobson an. Menschen mit Schlafproblemen können ganz besonders von den Entspannungsübungen profitieren. Denn das Beherrschen dieser Techniken hilft in ungewollten, nächtlichen Wachphasen, schnell ruhig und gelassen zu werden – die Grundvoraussetzung für ein baldiges (Wieder-)Einschlafen.

Stressfrei zur Ruhe kommen mit autogenem Training

Autogenes Training wird von vielen Menschen (z. B. von Leistungssportlern) genutzt, um sich besser entspannen und konzentrieren zu können. Menschen mit Schlafstörungen kann das autogene Training helfen, sich schneller und tiefer zu entspannen. Die Idee hinter dieser Technik ist, dass der Mensch durch Konzentration und Willenskraft auf Prozesse im Körper positiv einwirken kann, um auf diese Weise Verspannungen und Stress abzubauen. Die Wirksamkeit des autogenen Trainings gilt heute als gesichert.

Volkshochschulen, Familienbildungsstätten, Gesundheitszentren u. Ä. sowie Ärzte und psychologische Praxen bieten autogenes Training an.

Mit kurzen und knappen Sätzen wie „Ich bin ganz ruhig" stellt man zunächst seinen Geist und später auch den Körper bewusst auf einen körperlich-seelischen Ruhezustand ein. Die Folgen sind körperlich spür- und messbar: Die Herzfrequenz und der Blutdruck nehmen ab, die Atmung verlangsamt sich, während die Muskeln entspannen und die Schwere der Glieder spürbar wird.
Eine Trainingseinheit besteht aus verschiedenen Übungen (Ruhe, Schwere, Wärme, Atmung, Herz, Bauch, Kopf). Man nimmt idealerweise eine entspannte, sitzende

Rücknahme der Übung

Wichtig ist die „Rücknahme" der Übungen nach jedem Training. Dazu werden die Arme zunächst angespannt und dann ausgeschüttelt, man atmet tief durch, reckt und streckt sich wie beim Aufwachen und öffnet schließlich die Augen. Auch wenn man den Eindruck hat, dass die Entspannungsübung nicht gelungen ist, sollte man die Rücknahme durchführen!

Haltung ein und stützt bei leicht nach vorn geneigtem Oberkörper die Unterarme mit nach oben gerichteten Handflächen auf den Oberschenkeln ab. Ein Absenken des Kopfs und das Schließen der Augen fördern die Konzentration, die Aufmerksamkeit soll sich ganz nach innen richten. Mit geschlossenen Augen und ruhiger Atmung wird die Aufmerksamkeit nach innen gelenkt, dann sagt man Sätze wie: „Ich bin ganz ruhig.", „Mein linker Arm wird ganz schwer.", „Mein rechter Arm wird ganz schwer.", „Meine Schultern werden ganz schwer.", „Mein Kopf wird ganz schwer." etc. Solche Formeln vermitteln einen Ruhezustand, der sich nach einer Weile auf den Körper auswirkt.

Die Übungen können gut in einer Gruppe erlernt werden und dauern jeweils etwa drei bis fünf Minuten. Bei Geübten kann sich die Dauer einer Trainingseinheit verkürzen. Die Grundlagen des autogenen Trainings werden in der Grundstufe vermittelt: Schwere-Übung, Wärme-Übung, Herz-Übung, Atem-Übung, Sonnengeflecht-Übung, Kühle-Stirn-Übung. Weitere Übungen auf einer höheren Ebene bilden die Oberstufe. Aber schon die Übungen der Grundstufe sind oftmals gut geeignet, um gelegentliche Probleme mit dem Einschlafen in den Griff zu bekommen.

Yoga

Yoga wirkt sich nachweislich positiv auf die Gesundheit und das Wohlbefinden aus, da sich hier-

Auf der gut ausgebauten Seite des Vereins Yoga Vidya (www.yoga-vidya.de) finden Sie zahlreiche weitere Yogaübungen mit genauen Anleitungen. Yoga Vidya e.V., Wällenweg 42, 32805 Bad Meinberg

durch Stress abbauen lässt. So können Yoga-Übungen bei Schlafstörungen auf vielfältige Weise helfen, besonders wenn die gestörte Nachtruhe auf Unruhezustände zurückzuführen ist.

Die meisten Menschen im europäischen Kulturkreis finden den Einstieg über die hierzulande bekannte Form des Hatha Yoga, das außer den Körperübungen auch einen gesunden Lebensstil beinhaltet. Eine gesunde Ernährung gehört ebenso zu dieser Entspannungsmethode dazu wie eine Anpassung der Lebensweise (z. B. Nikotinverzicht).

Eine Yoga-Sitzung besteht aus mehreren Teilen: Bei den Körperübungen (Asanas) muss eine bestimmte Körperhaltung über einige Zeit gehalten werden, um blockierte Lebensenergien wieder freizusetzen. Dabei werden Muskulatur und Dehnbarkeit beansprucht und dadurch das Körperbewusstsein geschult. Die Atmung wird durch Aktivierung der Atemhilfsmuskulatur unterstützt. Durch spezielle Atemübungen (Pranayama) wird die Kapazität der Lunge voll ausgenutzt, was zu einer entspannten und kontrollierbaren Atmung führt. Ein abwechselndes Atmen durch jeweils ein Nasenloch (Nadi-shodhana) führt zu innerer Stille und Entspannung, was durch Meditationstechniken unterstützt wird.

Zum Ende einer Yogastunde praktiziert man über einen Zeitraum von zehn bis 15 Minuten eine Tiefenentspannung. Auf dem Rücken liegend werden ähnlich dem autogenen Training alle Körperteile und zuletzt auch der Geist systematisch entspannt.

Yoga gegen Schmerzen

Durch regelmäßige Yoga-Übungen werden die Wirbelsäule und die Gelenke beweglich gehalten (gut bei Osteoporose und Arthrose). Besonders bei altersbedingten Beschwerden kann Yoga zur Linderung beitragen. Ein Rückgang der Schmerzen fördert auch den Schlaf.

Yogaschulen

Gute Yogakurse gibt es flächendeckend! Der Berufsverband der Yogalehrenden in Deutschland e. V. (BDY) kann Ihnen bei Ihrer Suche nach guten Yogalehrern und Yogaschulen weiterhelfen.

BDY
Jüdenstr. 37
37073 Göttingen
Tel. 05 51/488 38 08
Fax 05 51/488 38 60
Internet http://www.yoga.de
E-Mail info@yoga.de

Yogaübungen zum Entspannen

Der Pflug (Halasana) dehnt Rücken und Halswirbelsäule und hilft, Flexibilität zu bekommen und zu halten. Außerdem hilft die Übung, zur inneren Mitte zu kommen.
Übung: Zu Beginn der Übung liegen Sie mit gestreckten, geschlossenen Beinen auf dem Rücken, die Arme liegen entspannt neben dem Körper, die Handflächen auf dem Boden. Heben Sie die Beine und dann das Becken. Wichtig: Die Bewegung muss langsam und bewusst ausgeführt werden. Richten Sie Beine, Becken und Körper zu einer Senkrechten (Kerze) auf und unterstützen Sie diese Haltung mit den Händen, indem Sie diese an die Rippen legen (die Oberarme bleiben am Boden). Atmen Sie aus und führen Sie dabei das linke Bein hinter den Kopf. Beim Einatmen heben Sie das Bein wieder und machen das Gleiche mit dem rechten Bein. Beim nächsten Ausatmen führen Sie beide Beine hinter den Kopf. Wenn die Füße kaum oder nicht den Boden berühren, ist das die Endstellung. Flexiblere Menschen können auch die Arme in die entgegengesetzte Richtung ausstrecken und die Handflächen auf den Boden legen. Diese Übung sollte 30 Sekunden bis fünf Minuten lang gehalten werden. Wichtig für die Gesundheit des Halses: Nicht den Kopf drehen. Nicht nach links oder rechts schauen. Nichts forcieren. Die Pflug-Flexibilität muss ganz von allein kommen.
Sanfte Variationen: Sie können zu Beginn, wenn Sie noch nicht so trainiert sind, die Füße auf einen Stuhl legen. Dies nimmt den Zug aus dem unteren Rücken. Auch können Sie eine Decke unter die Schultern und die Ellenbogen legen, sodass der Kopf tiefer liegt, und der Nacken entlastet ist.

Der Fisch (Matsyasana) schafft Abhilfe bei verspannten Schulter- und Rückenmuskeln und erhöht die Lebenskraft. Emotionelle Spannungen, die sich oft um Herz und Solarplexus legen, werden abgebaut.
Übung: Zu Beginn der Übung liegen Sie mit gestreckten, geschlossenen Beinen auf dem Rücken, die Arme liegen entspannt neben dem Körper. Führen Sie dann die Hände unter das Gesäß und so weit wie möglich Richtung Oberschenkel. Atmen Sie ein, wobei sich der Brustkorb hebt, und legen Sie den Kopf nach hinten. Dabei sollten Sie den Brustkorb so weit wie möglich heben. 3/4 des Gewichts ist auf den Händen, 1/4 auf dem Kopf. Wichtig: Die Dehnung ist im Brustbereich, nicht im Lendenbereich. Halten Sie diese Stellung ca. eine Minute und atmen Sie dabei regelmäßig ein und aus.
Sanfte Variationen: Lassen Sie den Hinterkopf auf dem Boden, dies entlastet den Hals. Oder legen Sie eine Decke unter den Hinterkopf und lassen Sie den Nacken fast ganz gerade.

Schlaf und Reisen

Für viele ist die Zeit des Urlaubs die schönste Zeit im Jahr. Auf einer Reise gelingt es den meisten Menschen am besten, abzuschalten und dem Alltag zu entfliehen. Die durchaus erwünschten Veränderungen wie ein anderer Tagesablauf oder ein Klimawechsel können aber auch Schlafprobleme mit sich bringen.

Jetlag

Nach Langstreckenflügen z. B. kommt der Biorhythmus aus dem Takt – ein sogenannter „Jetlag" ist die Folge (englisch jet = Flugzeugtyp, lag = Verzögerung). Durch die Zeitverschiebung stimmen die inneren Zeitgeber nicht mehr mit den äußeren Faktoren (Morgengrauen, Tageslicht, Dämmerung, Nacht, tatsächliche Uhrzeit vor Ort) überein. Da der Körper in den Nächten gewohnheitsmäßig auf Aktivität eingestellt ist, kann es zu Schlafstörungen und Schlafmangel kommen. Einbußen bei der Leistungsfähigkeit und Konzentration sind die Folge, Verstimmungen und Magenbeschwerden können ebenfalls auftreten.

Kurz vor Antritt eines Langstreckenflugs kann man durch leichte Anpassung der eigenen Ess- und Schlafgewohnheiten (Verschiebung des Abendessens und des Nachtschlafs in die Nacht vor Westflügen bzw. frühzeitiges Essen und Zubettgehen vor Ostflügen) den Organismus auf die Umstellung vorbereiten.

Während des Flugs ist es wichtig, viel Wasser zu trinken und auf Alkohol zu verzichten. Wählen Sie bei den Mahlzeiten lieber das leichte Menü und essen Sie ansonsten möglichst wenig. Versuchen Sie zu schlafen (in der Regel bietet das Flugpersonal Augenbinden und Ohrstöpsel) und zu entspannen. Stehen Sie außerdem zwischendurch immer wieder auf, strecken Sie Ihre Beine und Arme aus und ändern Sie die Sitzposition.

Die Anpassung des inneren Rhythmus an die neuen Umstände am Ankunftsort kann mehrere Tage dauern. Unterstützen kann man diese, indem man den Schlaf regulierenden Hormonhaushalt bildlich gesprochen „hinters Licht führt". Besonders das Hormon

Ein Stück Zuhause

Haben Sie schon einmal daran gedacht, Ihre Bettwäsche oder Ihr Kopfkissen mit in den Urlaub zu nehmen? Besonders das Kopfkissen ist für viele Erwachsene das, was in der Kindheit das Kuscheltier war. Wenn Sie Ihr Kissen mit auf Reisen nehmen, haben Sie ein Stück „Zuhause" dabei. Vielleicht hilft Ihnen das Vertraute, leichter in den Schlaf zu finden.

Probleme bei Fernreisen in westliche Richtung: Frühes Aufwachen, starke Müdigkeit am Nachmittag
Probleme bei Fernreisen in östliche Richtung: Probleme beim Einschlafen, Müdigkeit am Morgen

Melatonin wird normalerweise am späten Abend von der Zirbeldrüse ausgeschüttet und ist für die aufkommende Müdigkeit mitverantwortlich. Setzt man sich dem Tageslicht aus, wird die Produktion dieses Hormons eingestellt. Daher sollte man sich auf Reisen zur ortsüblichen Tageszeit möglichst viel im Freien oder im Licht aufhalten, damit der Hormonhaushalt zu einer schnellen Anpassung gezwungen ist. Nehmen Sie daher anfangs lieber etwas Schlafentzug in Kauf, anstatt tagsüber zu schlafen. Natürlich sollten Sie auch im Urlaub die Regeln der Schlafhygiene beachten. Zur weiteren Anpassung des Biorhythmus sollte man schon bei der Anreise die Uhren umstellen und sich auf die verschobenen Tageszeiten einstellen. Dazu zählt auch die frühzeitige Anpassung der Essenszeiten. Nehmen Sie Hauptmahlzeiten zu den gewohnten Zeiten nach der neuen Ortszeit ein. Haben Sie zu einem Zeitpunkt Hunger, zu dem nach neuer Ortszeit noch Schlafenszeit ist, essen Sie möglichst nur eine leichte Kleinigkeit.

Melatonin

Das Hormon Melatonin in Tablettenform ist besonders in den USA populär und als Nahrungsergänzungsmittel zu kaufen. In Deutschland und in der Schweiz ist Melatonin als Arzneimittel nicht zugelassen, da bisher keine Nachweise über Qualität, Wirksamkeit und Nebenwirkungen vorliegen. Deshalb sollte man auf die Einnahme dieses Hormons verzichten.

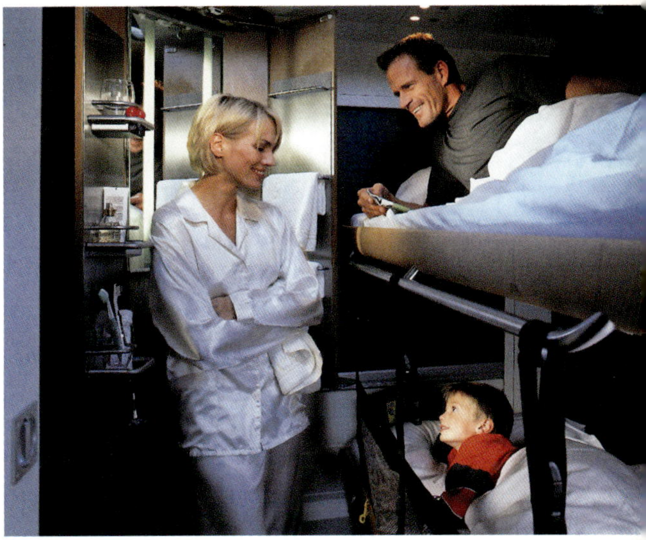

Bei einem kurzen Aufenthalt sollten Sie evtl. auf die Anpassungsmaßnahmen verzichten, da der Körper immer mehrere Tage für die Umstellung benötigt.

Auf der Reise

Gönnen Sie sich bei längeren Autofahrten regelmäßig Erholungsphasen und nutzen Sie bei aufkommender Müdigkeit, bevorzugt in der Mittagszeit, einen „Powernap“ (siehe Seite 19 f.). Besonders bei monotonen Tätigkeiten wie einer Fahrt auf der Autobahn leidet die Konzentration, was Unfälle verursachen kann. Vermeiden Sie aus diesem Grund auch Nachtfahrten: Die leeren Straßen bieten nur wenig anregende Reize und Ihr Körper ist auf Schlaf eingestellt.

Mit Bewegung Körper und Seele auf die Nachtruhe vorbereiten

Im Hinblick auf die Schlafqualität schlägt man mit Walking zwei Fliegen mit einer Klappe: Man hält sich an der frischen Luft und im Tageslicht auf – beides Dinge, die für einen guten Schlaf wesentlich sind.

Es ist eine alte Weisheit, dass regelmäßige körperliche Bewegung allgemein gesundheitsförderlich und einem guten Schlaf zuträglich ist. Daran hat sich bis heute nichts geändert. Insbesondere Bewegung an der frischen Luft bewirkt am Abend eine gewisse „Bettschwere" und ein gutes Durchschlafen. Viele kennen den Effekt auch vom Winterurlaub.
Dabei spielt die allgemeine persönliche Fitness und die Tageszeit, zu welcher der Sport betrieben wird, eine Rolle. Der zeitliche Abstand zur Schlafenszeit sollte nicht zu kurz sein. Sportliche Betätigung kurz vor dem Zubettgehen bringt den Körper auf Touren und steigert die Wachheit. Das Einschlafen fällt somit schwerer. Damit der Körper noch genügend Zeit hat, wieder zur Ruhe zu kommen, sollte man zwei Stunden vor dem Schlafengehen keinen Sport mehr ausüben. Besonders positiv auf das Ein- und Durchschlafen wirkt sportliche Betätigung etwa vier bis sechs Stunden vor dem Schlafengehen.

Tagesmüdigkeit

Menschen, die schnarchen, sollten auf ihre Fitness tagsüber immer ein besonderes Augenmerk richten, denn gerade im Straßenverkehr und am Arbeitsplatz steigt die Gefahr für Unfälle. Man gefährdet möglicherweise sich und andere! Setzen Sie sich deshalb niemals müde ans Steuer eines Fahrzeugs!

Viele Menschen sind der Meinung, positive Effekte sportlicher Betätigung würden sich erst dann einstellen, wenn man über längere Zeit in einem Sportverein oder Fitnesscenter regelmäßig trainiert. Es stimmt zwar, dass die Ergebnisse in diesem Fall offensichtlicher sind. Aber manchmal lässt sich auch mit geringem Aufwand eine große Wirkung erzielen, beispielsweise mit Gehen oder, zeitgemäßer ausgedrückt, mit „Walking".

Per pedes entspannen: Gesundheitstrend Walking

Wandern, Walking oder schlicht zu Fuß gehen – als Fitness- und Gesundheitstrend wurde dies lange Zeit von der Öffentlichkeit kaum wahrgenommen und durch die Popularität des Joggings überschattet. Dabei ist das Gehen eine der ursprünglichsten Bewegungsformen und für den Menschen geradezu ideal. Schon Hippokrates hielt vor 2.400 Jahren viel davon und behauptete: „Gehen ist die beste Medizin." Neuerdings scheint diese Form der körperlichen Aktivität als Walking

oder Nordic Walking zum neuen Trend zu werden.
Personen, die viel zu Fuß gehen, haben ein geringeres Krankheitsrisiko als Menschen mit überwiegend sitzender Tätigkeit. Das Risiko für Herzkrankheiten und Schlaganfall sinkt, der Stoffwechsel wird angeregt und Insulin besser verwertet, sodass die Gefahr für Diabetes sinkt. Durch die Kräftigung des Knochenbaus und der Muskulatur kann man aktiv dem Osteoporoserisiko vorbeugen. Durch regelmäßiges Gehen werden außerdem Kalorien verbrannt und es fällt leichter, sein Normalgewicht zu halten. Der Gehirnstoffwechsel wird angeregt und Schlafstörungen sowie Depressionen entgegengewirkt. Wie bei anderen körperlichen Aktivitäten auch, werden schon nach wenigen Minuten vom Gehirn Endorphine freigesetzt, die auch als Glückshormone bezeichnet werden, weil sie ein angenehmes Gefühl der Entspannung und Beruhigung hervorrufen. Außerdem wirken sie schmerzstillend.

Auch ein strammer Spaziergang trägt viel zum Wohlbefinden bei.

Als Walking wird schnelleres, konzentriertes Gehen bezeichnet. Unabhängig von Alter, Gewicht oder Trainingszustand kann Walking leicht von jedermann ausgeübt werden, lediglich geeignetes Schuhwerk ist als Ausrüstung erforderlich.
Walking stellt einen optimalen Einstieg in das Ausdauertraining dar und das Gehtempo kann leicht der eigenen Belastbarkeit angepasst werden. Der aktive und passive Bewegungsapparat werden dabei nicht überfordert, denn im Unterschied zum Laufsport gibt es beim Walking keine Flugphase, die Muskeln, Bänder oder Gelenke über Gebühr belasten könnte.

Keine olympische Disziplin!

Auf gar keinen Fall sollte sich der Freizeit-Walker an der Technik der Leichtathletikdisziplin „Gehen" orientieren. Bei dieser Wettkampfsportart versuchen die Sportler durch extreme Hüftbewegungen ein möglichst hohes Tempo zu erreichen. Diese Bewegungsform belastet aber sehr stark den Bewegungsapparat.

Tipps zum Thema Walking finden Sie unter www.walking.de

Walking unterscheidet sich in mancher Hinsicht vom normalen Alltagsgehen. Man geht grundsätzlich mit erhöhtem Tempo, ähnlich wie bei einem militärischen Marsch. Die Arme schwingen bewusst und deutlich gegenläufig mit. Geübte Walker steigern die Belastung, indem sie an Hand- und Fußgelenken zusätzliche Gewichte (Gewichtsmanschetten) anbringen.
Wie auch bei anderen Sportarten sollte man sich zu Beginn des Trainings aufwärmen, also mit gemäßigtem Tempo loslaufen, und erst nach einigen Minuten das Tempo verschärfen.

Die richtige Technik erlernt man am besten bei einem der vom Deutschen Nordic Walking Verband (DNV) ausgebildeten Instrukteure.

Lockere, bequeme Kleidung sorgt für einen angenehm entspannten Bewegungsablauf. Bei unsicherem Wetter hat sich die Zwiebeltechnik bewährt, d. h. mehrere Schichten an Kleidung, damit bei Bedarf einfach etwas ausgezogen werden kann. In normalem, ebenem Gelände sind bequeme Turnschuhe die beste Wahl. Infrage kommen auch spezielle Wanderschuhe. Bei längeren Touren sollten Sie daran denken, Wasser oder Apfelschorle dabeizuhaben.

Nordic Walking

In jüngster Zeit sieht man in Deutschland immer häufiger Menschen, die mit Stöcken strammen Schrittes durch die Natur marschieren. Die Sportart Nordic Walking hat ihren Ursprung im Skilanglauf. Obwohl bereits in der Mitte des vergangenen Jahrhunderts von Skisportlern Skistöcke zum Sommertraining eingesetzt wurden, erfährt diese zunächst in Finnland boomende Sportart erst

Walking oder Nordic Walking?

Eine Studie verglich Nordic Walking mit dem gewöhnlichen Walken und kam zu dem Ergebnis, dass der Energieaufwand und der Sauerstoffverbrauch beim Nordic Walking um 20 Prozent höher liegen.
Der Kalorienverbrauch stieg bis zu 46 Prozent. Dabei wurde die Trendsportart von den Versuchspersonen erstaunlicherweise nicht als anstrengender empfunden.

seit wenigen Jahren auch in Deutschland einen gewaltigen Zulauf.
Die Gründe für die rasant steigende Popularität sind vielfältig. Nordic Walking ist leicht zu erlernen, gesund und schonend, da der Bewegungsablauf natürlich ist. Es gibt keine Altersbegrenzung, Jahreszeit und Wetter spielen eigentlich keine Rolle und der Ausrüstungsumfang ist gering (Nordic-Walking-Stöcke und geeignetes Schuhwerk). Mit dem einsteigerfreundlichen Training kann man gleich vor der eigenen Haustür beginnen und die Trainingsintensität kann jeder selbst für sich bestimmen.
Der Sportart Nordic Walking liegt ein Bewegungskonzept im Sinne der Gesundheitsförderung zugrunde, das sich auf wissenschaftlich gesicherte Erkenntnisse über diese Bewegungsformen begründet. Dem individuellen Wunsch nach Erhalt und Verbesserung der Gesundheit kann mit Nordic Walking jeder leicht nachkommen. Durch den Einsatz der sehr leichten Karbonstöcke werden außer den Beinen auch der Oberkörper und die Arme trainiert, immerhin bis zu 85 Prozent der Muskulatur kommen gleichzeitig zum Einsatz. Die Bewegungsabläufe sind fließend und harmonisch, die Gelenke werden nur gering belastet. Stretching und Kraftübungen ergänzen im Sommer wie im Winter das jeweilige Training.

Mit der korrekten Technik belastet das Nordic-Walking-Training das Herz-Kreislauf-System weniger als Laufen oder Radfahren und bietet sich daher in besonderem Maße auch für Ältere oder Rekonvaleszenten an.

Mit der richtigen Lauftechnik kann man sicher sein, dass keine Fehlbelastungen im Knie- oder Sprunggelenkbereich oder an Ellenbogen- und Schultergelenk auftreten. Wichtig sind die richtigen, kreisförmigen Bewegungen zwischen Schulter und Hüfte sowie korrekte Armbewegungen.

Spezialfall Schichtarbeit

Leider ist Schichtarbeit in einer modernen Gesellschaft unvermeidlich, allein in Deutschland arbeiten Millionen Menschen in wechselnden Schichten.

Besonders in sensiblen Bereichen wie Krankenhaus, Feuerwehr und Rettungsdienst müssen Arbeitskräfte rund um die Uhr zur Verfügung stehen. Von den drei Schichten Früh-, Spät- und Nachtschicht gilt die Nachtschicht nach dem Frühdienst als die am meisten belastende Form. Da die Betroffenen auch während der Nacht arbeiten, müssen sie tagsüber schlafen. Sie leben somit regelmäßig und über einen längeren

Schichtarbeit ist kein neues Phänomen. Schon immer gab es Berufsgruppen, die zu jeder Tages- und Nachtzeit einsatzbereit sein mussten (Hebammen, Nachtwächter, Feuerwehrleute, Ärzte). Allerdings hat sich diese Arbeitsform seit der Industrialisierung immer mehr verbreitet und wird auch in den Folgejahren weiter zunehmen.

Der „Sekundenschlaf" kann auftreten bei Schlafmangel, monotonen und abwechslungsarmen Tätigkeiten wie Fließbandarbeit oder Autofahren, Arbeit im Dunkeln oder einer sehr leisen Arbeitsumgebung.

Zeitraum gegen ihren biologischen Rhythmus. Dies bringt verständlicherweise einige Probleme mit sich. Aber es gibt eine Reihe von Strategien, die diese Schwierigkeiten zu minimieren helfen.

Belastung durch Schichtarbeit

Schichtarbeiter leben gegen die eigene innere Uhr und müssen sich nachts wach halten. Dies fällt auch erfahrenen Schichtarbeitern nicht leicht. Zwischen zwei und fünf Uhr morgens überkommt die meisten eine große Müdigkeit, welche die körperliche und geistige Leistungsfähigkeit maßgeblich belastet. Konzentration, Bewegungsabläufe und Stimmungslage sind beeinträchtigt, wodurch Aspekte der Arbeitssicherheit erheblich beeinflusst sein können. Weil der Organismus nachts nicht auf Leistung eingestellt ist (siehe Seite 19), muss sich der Nachtarbeiter mehr anstrengen, um dieselbe Leistung zu erzielen, die er tagsüber erreicht. Eine Anpassung tritt auch nach vielen Nachtschichten nicht ein, denn der zirkadiane Rhythmus des Menschen lässt sich nicht umkehren.

Besonders nach den ersten beiden Nächten des Schichtzyklus haben Nachtschichtarbeiter nach Dienstende ein deutliches Schlafdefizit. Die Heimfahrt mit dem Auto kann dann gefährliche Folgen haben. So sind zahlreiche Verkehrsunfälle auf Übermüdung zurückzuführen, da die Fahrer von dem sogenannten Sekundenschlaf übermannt werden. Dies sind plötzliche Müdigkeitsanfälle, bei denen man kurz und ungewollt einnickt. Gefährlich ist dieses kurze Einnicken z. B. auch bei Menschen, die an großen Maschinen arbeiten.

Wechselschichten (beispielsweise Früh-, Spät- und Nachtschicht) sind außerdem eine häufige Ursache für Ein- und Durchschlafstörungen sowie vermehrte Schläfrigkeit tagsüber.

Außerdem leiden Schichtarbeiter, die häufig nachts arbeiten, dauerhaft unter Schlafentzug, da ihr Schlafzyklus im Vergleich zu einer durchschnittlichen Schlafdauer von Tagarbeitern um zwei bis vier

Stunden verkürzt ist. Dies liegt daran, dass der Schlaf tagsüber oftmals kürzer, weniger tief und zudem häufiger unterbrochen ist. Hinzu kommen Probleme im sozialen Umfeld, da Schichtarbeiter häufig zu Zeiten arbeiten oder schlafen, an denen andere frei haben. Die gemeinsame Freizeit mit Familie und Freunden ist schwieriger zu organisieren. Die Lebensqualität der Betroffenen leidet entsprechend.

Wählen Sie Ihre persönliche Strategie!
Um die Belastungen möglichst gering zu halten, gibt es eine Reihe von geeigneten Strategien. Nicht alle hier gegebenen Ratschläge gelten jedoch für jeden in gleichem Maße. Denn die Art der Beschäftigung muss ebenso berücksichtigt werden wie der Typus des Beschäftigten.
So haben Spättypen (siehe Seite 21 ff.) generell weniger Anpassungsschwierigkeiten an eine Nachtschicht als der sogenannte Lerchentyp, also Morgenmenschen, die abends in der Regel sehr früh ins Bett gehen.
Auch Menschen, die empfindlich auf Unregelmäßigkeiten im Tagesablauf reagieren, haben sicherlich größere Probleme, mit den Besonderheiten der Schichtarbeit umzugehen als Menschen, die keine Schwierigkeiten haben, auf plötzlich auftretende Veränderungen ruhig und gelassen zu reagieren.

Auch das soziale Umfeld spielt eine große Rolle bei dem jeweiligen Umgang mit Schichtarbeit. So kann die Schichtarbeit dazu führen, dass es Probleme in der Partnerschaft gibt, weil man sich so selten sieht oder die notwendige Kinderversorgung tagsüber finanzielle Engpässe verursacht. Für andere wiederum ist es die ideale Arbeitsform, da sie am Tag viele Dinge erledigen können.

Natürlich gelten auch für einen ungestörten Schlaf dieser Personengruppe die bereits erwähnten Regeln der Schlafhygiene (siehe Seite 83 ff.). Im Folgenden finden Sie aber noch einige Tipps speziell für Schichtarbeiter.

Schlaf- und Wachzeiten
Für alle Nacht- und Wechselschichtarbeiter sind möglichst feste Schlaf- und Wachzeiten wichtig. So sollte sich der Nachtschichtarbeiter an den Arbeitstagen immer zur selben Zeit (z. B. frühmorgens direkt nach der Schicht) hinlegen. Die Abdunklung des Zimmers und evtl. ein Schallschutz für die Ohren (Ohrenstöpsel) wirken sich positiv auf die Schlafqualität aus. Ein spätes Zubettgehen und entsprechend späteres morgendliches Aufstehen zumindest ein bis zwei Tagen vor Dienstbeginn erleichtern die Umstellung. Die meisten Nachtschichtler sind ohnehin ausgesprochene Spättypen.

Hat man als Nachtschichtarbeiter Schwierigkeiten, morgens nach der Arbeit einzuschlafen, kann dies daran liegen, dass man auf dem Nachhauseweg dem Sonnenlicht ausgesetzt ist, was den Organismus anregt. Das Tragen einer Sonnenbrille kann diesen Effekt mindern.

Nachts sollte man nur leichte Kost (Milchprodukte, Obst, Gemüse und fettarme Gerichte) zu sich nehmen.

Auch Wechselschichtarbeiter können Umstellungsprobleme reduzieren, indem sie an den Tagen vor dem Wechsel ihre Schlaf- und Wachzeiten allmählich an die veränderten Dienstzeiten anpassen. Personen mit Rufbereitschaft müssen besonders auf regelmäßige Ruhezeiten achten, da sie ihren Einsatz nicht planen können und bei ihnen im Einsatzfall sofort, also auch nachts, die volle Konzentration gefordert wird.
Kurze Schlafphasen (siehe Seite 19 ff.) auch tagsüber können helfen, Schlafdefizite aufzufangen. Allerdings sollte man sich nach einer Frühschicht nicht länger als 30 Minuten hinlegen. Denn je länger man tagsüber schläft, desto später wird man abends zu Bett gehen und desto unausgeschlafener ist man am nächsten Morgen. Auch ist nicht jeder für den sofortigen Einsatz nach dem Schlaf gleich gut geeignet. So kann es von wenigen Minuten bis zu einer Stunde dauern, bis der Körper nach einer Schlafdauer über 30 Minuten die volle Leistungsfähigkeit erreicht hat.
Hat man eine Nachtschicht hinter sich, sollte man versuchen, den Schlaf auf maximal zwei Phasen zu verteilen, einmal morgens und einmal nachmittags.

Ernährung

Bei der Ernährung sollten Schichtarbeiter auf eine regelmäßige, gesunde und vollwertige Ernährung achten. Am besten ist es, wenn

Ein gutes Mittel gegen Schläfrigkeit, besonders tagsüber, ist der Duftstoff Menthol (Minzöl).

man die Hauptmahlzeiten immer etwa zur gleichen Zeit einnimmt, egal in welcher Schicht.
Während einer Nachtschicht sollten die Essenzeiten idealerweise folgendermaßen aussehen: erste Mahlzeit vor der Nachtschicht um ca. 19 Uhr, kleine warme Mahlzeit um ca. 1 Uhr, Snack ca. 4 Uhr.
Natürlich greifen auch viele Schichtarbeiter auf die berühmten Wachmacher Kaffee oder Cola zurück. Diese koffeinhaltigen Getränke wirken zwar Kreislauf anregend und helfen dabei, wach zu bleiben. Allerdings reizt Kaffee Magen und Galle, Colagetränke sind häufig sehr zuckerhaltig. Zwar enthalten Light-Produkte weniger Zucker und damit auch weniger Kalorien, trotzdem sollte man auch diese nicht in großen Mengen konsumieren.

Schlafmittel

Auf Schlafmittel sollten Schichtarbeiter trotz der belastenden Umstände besser verzichten, da ihre Nachteile die positiven Effekte meist überwiegen. Die Gefahr körperlicher Abhängigkeit ist bei einigen Präparaten gegeben und viele Substanzen wirken länger als acht Stunden.
Grundsätzlich sollten Schlafmittel nicht über einen längeren Zeitraum hinweg eingenommen werden und nur bei ausgeprägten Schlafstörungen zum Einsatz kommen. Eine genaue Absprache mit dem Arzt ist unerlässlich.

Planung im Betrieb

Mit flexiblen Schichtplänen sollten die betrieblichen Anforderungen mit den Bedürfnissen der Mitarbeiter in Vereinbarung gebracht werden. Natürlich muss man bei der Schichtplanung auch Kompromisse eingehen können.
Bei Wechselschichten ist es günstig, wenn der Wechsel rotierend von der Früh- über die Spät- auf die Nachtschicht erfolgt, da so die Belastung des zirkadianen Rhythmus nicht so stark ausfällt wie bei anderen Schichtwechseln.
Nachtschichten sollten nicht öfter als dreimal hintereinander erfolgen, besser ist es, diese Schichten werden nur einzeln zwischen Früh- und Spätschichten eingeplant. Die Erholungsphase nach den Nachtschichten sollte mindestens 24 Stunden betragen.
Wichtig ist es auch, dass möglichst häufig lange freie Wochenenden eingeplant werden. Dies ist vor allem für das familiäre und soziale Umfeld des Schichtarbeiters von großer Bedeutung.
Regelmäßige, geplante Pausen wirken gegen Müdigkeit und dienen der Erholung, denn schon kurze Pausen fördern nachweislich die Konzentrationsfähigkeit (siehe Powernapping Seite 19 ff.).

Die Berücksichtigung dieser Aspekte danken zufriedenere Mitarbeiter mit höherer Produktivität. Außerdem wird das Unfallrisiko eingedämmt.

Der Vorwärtswechsel Früh-, Spät-, Nachtschicht ist auf jeden Fall zu bevorzugen, da er den Tag „länger" macht.

18 einfache Tipps für einen erholsamen Schlaf

1. An jedem Tag in der Woche, also auch am Wochenende (!), sollten Sie möglichst zur selben Zeit zu Bett gehen, ebenso wie morgens zur selben Zeit aufstehen. Die morgendliche Aufstehzeit sollten Sie auch dann einhalten, wenn Sie glauben, schlecht geschlafen zu haben. Denn die Zeit des Aufstehens ist der Dreh- und Angelpunkt für den Biorhythmus. Hormone, Atmung und Kreislauf unterliegen Zyklen, die von den „Taktgebern" Aufstehen (Beginn der Tagesaktivität) und Einschlafen (Beginn der Nachtruhe, Erholung, Verdauungsprozesse) bestimmt werden.
2. Bewegung tut gut! Wenn man sich körperlich betätigt, besonders in den Morgenstunden oder am frühen Nachmittag, kann dies die Schlaftiefe positiv beeinflussen. Kurz vor dem Zubettgehen sollte man aber auf Sport oder andere körperliche Betätigungen verzichten.
3. Versuchen Sie das abendliche Nickerchen vor dem Fernseher zu vermeiden. Wenn Sie müde werden, schalten Sie das Gerät aus und gehen Sie umgehend zu Bett. Sie verpassen nichts!
4. Schalten Sie vor dem Zubettgehen potenzielle Störquellen wie Telefon und Handy aus. Hängen Sie nach einer Nachtschicht ein „Bitte nicht stören"-Schild an die Haustür. Kontrollieren Sie ggf. den Wecker.
5. Im Bett ist nur schlafen und Sex erlaubt! Fernsehen im Bett ist nicht empfehlenswert. Die Vorstellung vom „Bett" sollte an die Idee vom „Schlaf" gekoppelt bleiben.
6. Reichhaltige, vor allem fette Mahlzeiten kurz vor dem Schlafengehen sind nicht zu empfehlen. Sie liegen schwer im Magen und lassen den Körper nicht zur Ruhe kommen. In den letzten beiden Stunden vor dem Einschlafen sollte man den Magen nicht mehr unnötig belasten. Allerdings sollten Sie auch nicht hungrig zu Bett gehen, denn dies stört die Nachtruhe ebenfalls. Ein kleiner, leichter Snack wie Joghurt, Käse oder Milch ist also erlaubt!
7. Vermeiden Sie den nächtlichen Gang zum Kühlschrank! Er ist nicht nur Gift für ein normales Körpergewicht, sondern gewöhnt den Organismus an diese Mahlzeiten, sodass man bald regelmäßig vom Hunger geweckt wird.
8. Alkohol macht zwar müde, taugt aber nicht als Schlafmittel, denn die Schlaftiefe nach Alkoholkonsum ist geringer. Nach Möglichkeit sollten Sie deshalb keinen Alkohol in den letzten drei Stunden vor dem Schlafengehen konsumieren!
9. Vermeiden Sie übermäßigen Koffeingenuss (Kaffee, Cola, schwarzer und grüner Tee), besonders nach 14 Uhr. Um Koffein abzubauen, benötigt der Körper bis zu acht Stunden. Von Nikotin ist grundsätzlich abzuraten. Neben den zahlreichen, bekannten negativen Auswirkungen von Tabak-

Sowohl Hunger als auch ein voller Magen sind einer guten Nachtruhe abträglich.

konsum beeinträchtigt Nikotin überdies die Schlafqualität und wirkt aufputschend.

10. Gehen Sie noch einmal vor die Tür, machen Sie einen kurzen Abendspaziergang und genießen Sie bewusst die Natur, die Abendluft und den nächtlichen Himmel.
11. Ein heißes Bad ein bis zwei Stunden vor der Nachtruhe wirkt manchmal Wunder. Nach dem Bad kommt es im Körper zu einem Rückgang der Kerntemperatur, was häufig Schlaf anstoßend wirkt. Entspannende ätherische Öle wie Baldrian oder Melisse können diese Wirkung verstärken.
12. Versuchen Sie, den Abend entspannt zu gestalten. Fangen Sie nicht noch mit Arbeiten an, die Sie „unbedingt noch erledigen müssen". Auch Sorgen oder komplexe Zukunftspläne sollten vertagt werden. Um leichter loslassen zu können, ist das schriftliche „Ablegen" von Gedanken oder Sorgen, z. B. in einem Tagebuch, sinnvoll.
13. Nicht nur für Kinder sind sie wichtig: Rituale! Ein regelmäßiges Abendritual mit festem Ablaufschema wie der Gang durch die Wohnung, kurz hinaus an die frische Luft, das Abschließen der Haustür und letztlich Abendhygiene und Umziehen für die Nacht – solche sich täglich wiederholende Muster stimmen Körper und Seele auf die Schlafenszeit ein.
14. Wenn Sie Schwierigkeiten haben, abends einzuschlafen, sollten Sie vorerst auf ein Mittagsschläfchen verzichten.
15. Schlafen Sie im Dunkeln oder bei gedämpftem Licht, denn helles Licht verbindet der Organismus mit „Wachsein".
16. Sollten Sie merken, dass Sie wirklich nicht einschlafen können, bleiben Sie nicht länger als etwa eine halbe Stunde im Bett liegen. Stehen Sie lieber auf und suchen Sie sich für kurze Zeit eine entspannende Beschäftigung. Lesen Sie z. B. ein Kapitel in einem Buch. Fühlen Sie sich wieder müde, begeben Sie sich erneut zu Bett.
17. Vermeiden Sie unbedingt nächtliche Blicke auf Ihren Wecker! Sollten Sie eine unruhige Nacht haben, kann es leicht passieren, dass sich die Unruhe, womöglich nicht mehr einschlafen zu können, nach dem Blick auf die Uhr noch verstärkt. Setzen Sie sich also nicht unter Druck: Schlaf lässt sich nicht erzwingen!
18. Machen Sie sich keine Sorgen, nicht einschlafen zu können und grübeln Sie nicht über die möglichen Folgen am nächsten Tag nach. Nutzen Sie stattdessen Entspannungstechniken!

Wenn Sie alle diese Tipps beherzigt und dennoch weiterhin Schwierigkeiten mit Ihrem Schlaf haben, sollten Sie Ihre Probleme mit Ihrem Hausarzt besprechen. Dieser wird versuchen, die Ursache für Ihre Schlafschwierigkeiten herauszufinden und Sie ggf. an einen Spezialisten verweisen.

Moderne Sportwissenschaftler empfehlen inzwischen ausdrücklich, nach dem Essen gemütlich eine Runde um den Block zu drehen.

Ein Kräuterkissen mit getrockneten Lavendel- und Melissenblättern neben dem Kopfkissen fördert das Einschlafen.

Was tun bei Schlafstörungen?

Schlafstörungen lassen sich besonders gut behandeln, wenn man bereit ist, selbst aktiv Empfehlungen umzusetzen. Dies erfordert meist ein nicht unbeträchtliches Maß an Disziplin.
Auch wenn eine gestörte Nachtruhe vielfach als unangenehm oder sogar quälend empfunden wird und sich Ängste aufbauen, am nächsten Tag nicht „fit" zu sein, ist ein ruhiger, guter Schlaf nicht unbedingt eine Gewähr dafür, dass man sich am Tage wohlfühlt. Setzen Sie also keine zu hohe Erwartungshaltung in den Nachtschlaf.

Erziehung zu einem guten Schlaf

Jeder von uns erlebt im Laufe seines Lebens das ein oder andere Mal das Gefühl, schlecht geschlafen zu haben. Sofern dieser Zustand nicht über einen längeren Zeitraum anhält, ist das nicht weiter bedenklich. Wenn man aber regelmäßig ausreichend Zeit im Bett verbringt, dennoch am nächsten Morgen müde aufwacht oder sich über Tag schläfrig fühlt, kann es sein, dass man an einer Schlafstörung leidet.

Um festzustellen, inwieweit man selbst durch eine Änderung des Lebensstils auf seinen Schlaf Einfluss nehmen kann, sollte man ein Schlaftagebuch führen.
Auch Kurse in Schlafschulen sind für viele Menschen eine große Hilfe bei der Bewältigung von Schlafstörungen. Außerdem gibt es verschiedene verhaltenstherapeutische Methoden, die sich bei chronischen Schlafstörungen bewährt haben.

Das Schlaftagebuch

Ob man genügend Schlaf bekommt oder Anzeichen einer Schlafstörung bestehen, lässt sich am besten mit einem Schlaftagebuch herausfinden. In diesem Tagebuch sollte man nicht nur die Länge des Schlafs und seine Qualität dokumentieren, sondern auch Lebensgewohnheiten wie Aktivitäten, Kaffee- und Alkoholgenuss sowie Medikamenteneinnahmen.

Auf diese Weise lässt sich die Qualität und Länge des Schlafs in den verschiedenen Nächten gut vergleichen und in Beziehung zu den Lebensgewohnheiten setzen. Möglicherweise erkennt man so selbst relativ bald, was sich ungünstig auf den Schlaf auswirkt.
Auf der folgenden Seite finden Sie einen Vorschlag, wie so ein Tagebuch aussehen könnte.

Führen Sie Buch!

Schlafprotokolle können sowohl für Sie selbst als auch für den Arzt eine wichtige Informationsquelle zur Beurteilung der Schlafqualität sein. Mit Ausnahme des Zubettgehzeitpunkts (zum Zwecke des Schlafens!) und der Aufstehzeit kommt es nicht auf exakte Zeitangaben, sondern auf den jeweiligen subjektiven Eindruck an – Sie benötigen also in der Nacht keine Uhr! Beobachtet man sein Schlafprotokoll über einen längeren Zeitraum, lernt man seine eigenen Gewohnheiten besser kennen und einschätzen. Das Bewusstmachen hilft, den eigenen Rhythmus wieder auszumachen und zu pflegen.

Schlaftagebuch von .... Woche von .... bis ....

Tagesablauf	Montag	Dienstag	Mittwoch
Zeitpunkt des Zubettgehens am Vorabend	23:00 Uhr	0:00 Uhr	23:00 Uhr
Morgendlicher Aufwachzeitpunkt	7:00 Uhr	7:00 Uhr	7:15 Uhr
Geschätzte Schlafstunden	6	6	5,5
Anzahl und Gesamtdauer der Wachphasen	2x1 Std.	1x30 Min.	2x25 Min.
Wie lange hat es gedauert, bis ich eingeschlafen bin?	30 Min.	20 Min.	30 Min.
Eingenommene Medikamente	keine	keine	keine
Wie wach habe ich mich gefühlt, als ich heute Morgen aufgewacht bin? Auf einer Skala von 1 (sehr wach) bis 6 (sehr müde)	2	3	2
Anzahl koffeinhaltiger Getränke und Einnahmezeitpunkt	4 Kaffee 10:00 Uhr 15:00 Uhr	4 Kaffee 10:00 Uhr 15:00 Uhr	3 Kaffee 10:15 Uhr 15:00 Uhr
Anzahl alkoholhaltiger Getränke und Einnahmezeitpunkt	1 Flasche Bier 21:00 Uhr	keine	1 Glas Rotwein 21:00 Uhr
Anzahl und Gesamtdauer der Nickerchen	1 15 Min.	2 30 Min.	1 15 Min.
Anzahl und Dauer körperlicher Aktivitäten	keine	keine	keine
Anzahl und Dauer der Aufenthalte im Freien (Tageslicht)	2x20 Min.	2x1 Std.	2x30 Min.
Wie schläfrig habe ich mich heute gefühlt? Auf einer Skala von 1 (fit und munter) bis 6 (so müde, dass ich oft Probleme hatte, mich wach zu halten)	2	2	3
Wie ist meine Stimmungslage? 1 (sehr gut) bis 6 (miserabel)	3	4	3
Wie schätze ich meine heutige Leistungsfähigkeit ein? 1 (sehr gut) bis 6 (miserabel)	3	4	3

Versuchen Sie, möglichst wenig Druck auf sich selbst und den Wunsch zu schlafen auszuüben.

Die meisten Schlafstörungen sind harmloser Natur und haben nicht selten ihre Ursache im Lebenswandel. Aber was man sich einmal angewöhnt hat, kann man auch selbst wieder ändern!

Schlafschule

Vielerorts bieten inzwischen Schlafschulen Kurse an, in denen Menschen mit Schlafproblemen lernen können, wieder zu einem gesunden und normalen Schlaf zu kommen. Man wird dort über die Ursachen eines gestörten Schlafs aufgeklärt, analysiert die eigenen Probleme und erfährt die wichtigsten Elemente der Schlafhygiene. Stress abbauende Techniken wie autogenes Training werden vermittelt und es werden Möglichkeiten aufgezeigt, wie man den Alltag stressärmer gestalten kann. Angeboten werden sowohl Wochenendkurse als auch einzelne kurze Kurseinheiten, die über mehrere Wochen andauern.
Bei Menschen mit stressbedingten Ein- und Durchschlafstörungen oder mit länger andauernden, nicht organisch bedingten Schlafstörungen erzielen diese Schlafschulen meist gute Erfolge. Erkundigen Sie sich bei Bedarf bei Ihrem Arzt oder bei Ihrer Krankenkasse.

Der Seele auf die Sprünge helfen

Bedeutsam für die Verselbstständigung von Schlafproblemen ist die verständliche Angst vor der nächsten schlaflosen Nacht, unter der viele Menschen mit akuten Schlafproblemen leiden. Mit verhaltenstherapeutischen und psychotherapeutischen Behandlungsmethoden lassen sich jedoch auch hartnäckige Schlafstörungen in den Griff bekommen.

Die Stimuluskontrolltherapie
Dieser verhaltenstherapeutischen Maßnahme liegt die Annahme zugrunde, dass man sich die Schlaflosigkeit quasi antrainiert hat. Bett und Schlafzimmer sind negativ besetzt, weil man hier bereits schlechte Erfahrungen gemacht hat, als man nicht schlafen konnte und sich darüber geärgert hat.
Deshalb sollte man Strategien entwickeln, um diese Begriffe wieder mit angenehmen Gefühlen zu verbinden. Die Erfahrung, dass man auch einschlafen kann, wenn man ins Bett geht, soll wieder erlernt werden.
Bei dieser Therapie darf der Betroffene nur dann zu Bett gehen, wenn er sich auch wirklich müde fühlt. Kann er innerhalb einer halben Stunde nicht einschlafen, muss er Bett und Schlafzimmer wieder verlassen. Erst bei erneuter Müdigkeit darf er wieder zurückkehren.
Morgens wird eine feste Aufstehzeit beibehalten, egal wie gut oder schlecht der Schlaf in der Nacht auch gewesen sein mag. Tagsüber darf nicht geschlafen werden, denn es soll sich im Lauf der Zeit ein gewisser „Schlafdruck“ aufbauen, der schließlich in der Nacht von Nutzen ist.

Stimuluskontrolle

1. Sie sollen immer erst dann zu Bett gehen, wenn Sie sich müde fühlen.
2. Können Sie nicht einschlafen, stehen Sie wieder auf und lenken Sie sich eine Weile ab (z. B. mit einem Zeitschriftenartikel). Auf keinen Fall außerhalb des Betts einschlafen! Wenn Sie sich wieder müde fühlen, gehen Sie zurück ins Bett. Es kann sein, dass Sie diesen Ablauf mehrfach wiederholen müssen, bis Sie endgültig einschlafen können.
3. Halten Sie regelmäßige Zeitfenster ein, an denen Sie aufstehen. Das gilt auch an Wochenenden und im Urlaub.
4. Ihr Bett sollte nur dem Schlaf und Sex vorbehalten sein.
5. Versuchen Sie auch nach einer schlechten Nacht tagsüber wach zu bleiben. Sollten Sie feststellen, dass Sie dies nicht schaffen, stellen Sie sich einen Wecker, um maximal eine halbe Stunde zu schlafen. Vermeiden Sie Nickerchen nach 15 Uhr.

In den ersten Tagen und Wochen kann das Einhalten dieser Regeln sehr strapaziös sein und der Nachtschlaf wird möglicherweise als noch schlechter empfunden. Geduld zahlt sich aber häufig aus und die Nachtruhe wird wieder als erholsam erlebt.

Einschränkung der Nachtruhe

Viele Menschen neigen dazu, nach einer wenig erholsamen Nacht am anderen Morgen länger im Bett liegen zu bleiben. Sie hoffen, noch einmal einzuschlafen und so den versäumten Schlaf nachzuholen. Hin und wieder nach einer Feier länger im Bett zu bleiben mag für den gesunden Schläfer keine negativen Folgen haben. Für jemanden mit Schlafstörungen ist es kontraproduktiv, denn dadurch wird der Schlaf-Wach-Rhythmus zusätzlich gestört.

Die gezielt eingesetzte Einschränkung des Schlafs (Schlafrestriktion) bewirkt eine Verbesserung der Schlafeffektivität. Vor allem zu Beginn ist diese Methode anstrengend und erfordert Durchhaltevermögen, weist aber gute Erfolge auf.

Anhand Ihres Schlafprotokolls werden die tatsächlichen Schlafzeiten annäherungsweise ermittelt und für den Anfang als tatsächliche Bettzeiten definiert, d. h., dass man auch nur diese Zeiten im Bett verbringen darf. Tagsüber zu schlafen ist tabu. Da die Tagesmüdigkeit zu Beginn der Behandlung oft zunimmt, sollte man bei sensiblen Tätigkeiten und im Straßenverkehr besonders vorsichtig sein. Am besten ist es, die Behandlung in den Ferien durchzuführen.

Durch die kurzen Schlafzeiten steigt der Schlafdruck erheblich, nach kurzer Zeit freut man sich wieder regelrecht auf das Bett.

Je mehr Zeit man wach und grübelnd im Bett verbringt, desto schwieriger wird es einzuschlafen und umso mehr wird man sich künftig bemühen, endlich wieder einmal richtig schlafen zu können.

Eine minimale nächtliche Schlafzeit von vier bis fünf Stunden sollte dabei nicht unterschritten werden. Durch die verkürzten Schlafzeiten nimmt die Qualität und Tiefe des Schlafs zu. In Absprache mit dem Therapeuten wird die Dauer des Schlafs schrittweise um jeweils 15 Minuten erhöht, bis wieder angemessene Schlafzeiten erreicht sind und diese als angenehm empfunden werden.

Der Therapeut ermittelt regelmäßig den sogenannten Index der Schlafeffizienz.

$$\frac{\textbf{Tatsächliche Schlafzeit}}{\textbf{Verweildauer im Bett}} \times 100\,\% = \textbf{Schlafeffizienzindex}$$

Liegt dieser Index in einer Woche über 85 Prozent, darf der Betroffene in der nächsten Woche jede Nacht 15 Minuten länger schlafen.

Mittel gegen das Schnarchen

Männer schnarchen deutlich häufiger als Frauen. Mit zunehmendem Alter ab etwa 55 Jahren beginnen auch Frauen immer öfter zu schnarchen. Hierbei spielen möglicherweise die mit dem Einsetzen der Menopause abnehmenden weiblichen Hormone eine wichtige Rolle.
Im Gegensatz zu Frauen neigen Männer dazu, Tabuthemen wie das Schnarchen zu bagatellisieren, insbesondere wenn dies unter Umständen einen Arztbesuch notwendig machen könnte. Allerdings sollte „Mann“ die potenziellen Gefahren bedenken, speziell wenn es während des Schlafs zu Atempausen (Apnoen) kommt. Bei der am häufigsten vorkommenden Form der Schlafapnoe, dem Schlafapnoe-Syndrom, droht der Betroffene im Extremfall durch einen Verschluss des Rachens nach einem Kollaps der Schlund- und Mundbodenmuskulatur zu ersticken.
Verringert sich das Schnarchen nicht trotz einer Reduzierung des Übergewichts, des Verzichts auf Genussmittel und einer Änderung der Schlaflage, hält der Markt einige Hilfsmittel (Gesichtsmasken etc.) bereit, über deren Funktionsweise und Wirksamkeit man sich aber genau informieren sollte.

In einigen Fachkliniken hat man sich auf schonende Operationstechniken spezialisiert, die das Schnarchen beheben sollen. Bei diesen neuartigen Behandlungsverfahren wird die vorliegende Verengung der Atemwege mit Laser oder Radiowellen behoben. Bei reinem Schnarchen kann diese Möglichkeit hilfreich sein, bei Schlafapnoe ist davon abzuraten, da sie hierbei nicht nur unwirksam ist, sondern auch Komplikationen auftreten können.

Im Schnarchmuseum in Alfeld bei Hildesheim, das von dem Schlafmediziner Joseph Wirth gegründet wurde, kann man über 400 z. T. kuriose Mittel gegen das Schnarchen aus der ganzen Welt bestaunen. www.schnarch-museum.de

Medikamentöse Therapien

In einigen hartnäckigen Fällen kann auch eine schlafanstoßende Medikation bei der Therapie von Schlafstörungen sinnvoll sein. In akuten Belastungs- oder Krisensituationen wie Krankheits- oder Trauerfällen in der Familie, bei beruflicher oder privater Überforderung ist der Mensch gestresst, ausgezehrt und büßt viel von seiner Kraft ein. In solchen Zeiten schläft er oft schlecht, was weitere Reserven kostet. Selbst gegen die Schlafstörungen anzugehen, ist in solchen Phasen meist unmöglich. Hier können Medikamente helfen, die schwere Zeit zu überbrücken.

Auch bei Erkrankungen körperlicher wie seelischer Natur, welche die Nachtruhe beeinträchtigen, können Schlafmittel in Kombination mit anderen Therapeutika gute Dienste leisten. Zusammen mit Schmerzmitteln wirken einige Präparate wirkungsverstärkend, was durchaus erwünscht sein kann. Auch viele psychische Erkrankungen gehen mit einem gestörten Nachtschlaf einher, dem man zumindest zu Beginn einer Behandlung medikamentös entgegenwirken sollte.

Grundsätzlich gilt allerdings immer, verschreibungspflichtige Medikamente nicht nach eigenem Gutdünken an- oder abzusetzen oder die Dosierung eigenmächtig zu verändern.

Viele Medikamente, darunter auch Schlafmittel, dürfen nicht abrupt abgesetzt, sondern sollten „ausgeschlichen“ werden. Plötzliches Absetzen kann neben dem Wiedereinsetzen der Schlafstörungen zu Albträumen, Schwindel, Übelkeit, Bauchkrämpfen, Halluzinationen, Angst- und Unruhezuständen oder Muskelzittern

führen. Häufig verändert sich das Verhalten der Betroffenen: Sie werden gleichgültig, sind schnell überfordert, lustlos, vergesslich oder ohne Appetit.

Den Zeitplan für das Absetzen eines Medikaments definiert der Arzt. Schlafmittel sollten zwar nur unter enger Indikationsstellung verabreicht, aber keineswegs generell abgelehnt werden. Verantwortungsbewusst eingesetzt, können sie in vielen Fällen eine wertvolle therapeutische Hilfe sein.

Welche Schlafmittel gibt es und wie wirken sie?

Barbiturate und Bromide, wie sie früher viel verschrieben wurden, kommen heute kaum noch zum Einsatz. Sie wurden abgelöst von Schlafmitteln auf Basis der Benzodiazepine, die in den vergangenen Jahren als gut verträgliche Präparate mit sicherer Wirksamkeit beliebt waren. Wie Barbiturate machen aber auch Benzodiazepine auf lange Sicht abhängig. Weil sie sich nur langsam im Körper abbauen, kann es zum „Überhang" kommen, man fühlt sich am nächsten Morgen noch müde und schlapp, da das Schlafmittel nachwirkt. Bei Benzodiazepinen und ihren Derivaten (Derivat = chemische Verbindung, die aus einer anderen entstanden ist) können Nebenwirkungen beispielsweise in Form von Gedächtnisstörungen, Müdigkeit, Reaktionsverzögerung, Konzentrationsschwäche und unerwünschte Muskelentspannungen auftreten.

Daher gilt aktuell eine relativ junge Arzneimittelgruppe als ideal, nämlich selektive Benzodiazepinrezeptor-Agonisten. Sie gelten als nebenwirkungsarm und haben eine geringe Halbwertszeit, sodass es nicht zu dem von anderen Schlafmitteln her bekannten „Überhang" kommt. Durch den schnellen Abbau im Körper können diese Präparate auch noch verhältnismäßig spät eingenommen werden, bis zu vier Stunden vor dem Wecken. Die Gefahren einer Abhängigkeit und des Eintretens einer Gewöhnung sollen deutlich geringer sein als bei herkömmlichen Schlafmitteln auf Benzodiazepinbasis. Durch die Einnahme solcher Schlafmittel schläft man in der Regel schneller ein und die Schlafdauer verlängert sich. Trotz der guten Verträglichkeiten sollten auch diese modernen Präparate möglichst nicht länger als 14 Tage hintereinander eingenommen werden. Gleichzeitig muss eine nichtmedikamentöse Therapie eingeleitet werden, um die eigentlichen Ursachen der Schlafstörung anzugehen.

Risiken von Schlafmitteln

Als besondere Gefahr bei der regelmäßigen Einnahme von Schlafmitteln ist sicherlich zuallererst die Abhängigkeit zu nennen. Auch bei modernen Präparaten wird die Suchtproblematik von den Fachleuten durchaus kontrovers diskutiert. Auf der einen Seite kommt es zu einem Gewöhnungseffekt: Man glaubt schließlich, nicht mehr ohne Medikament schlafen zu können.

Eine beginnende Sucht macht sich häufig durch eine allmähliche Steigerung der Dosis bemerkbar. Beim Absetzen der Tabletten kann es zu unangenehmen Entzugserscheinungen kommen, auch dann, wenn man über einen längeren Zeitraum eine gleichbleibend niedrige Dosis eingenommen hat. Außerdem ist ein Loskommen von der Sucht ein schwieriger Prozess. Nimmt jemand schon über Monate oder Jahre ein Schlafmittel ein, so sollte man nicht abrupt mit der Einnahme aufhören, sondern zunächst schrittweise die Dosis reduzieren („ausschleichen"), bevor man es endgültig absetzt.

Krankheiten als Auslöser

Nicht selten besteht ein Zusammenhang zwischen Schlafstörungen und verschiedenen inneren Erkrankungen wie Herzrhythmusstörungen oder Bluthochdruck. Daher muss bei dem Auftreten von gravierenden Schlafstörungen immer auch geklärt werden, ob es eine körperliche oder psychische Ursache dafür gibt.

Wird eine Schlafstörung maßgeblich durch eine Erkrankung ausgelöst, muss diese zuerst behandelt werden (Behandlung der Komorbidität; lateinisch morbus = Krankheit; con = mit, begleitend). Im Zuge einer erfolgreichen Therapie der Ursache bekommt man in der Regel auch die Schlafstörungen in den Griff.

Depressionen

Die Depression (lateinisch deprimere = herunter- oder niederdrücken) als Krankheit wird in der Gesellschaft von vielen immer noch sehr skeptisch betrachtet und vielfach nicht richtig ernst genommen bzw. nicht als Krankheit anerkannt. Dabei leiden allein in Deutschland schätzungsweise vier Millionen Menschen an einer depressiven Störung, die oft genug gar nicht als solche erkannt wird. Auch hinsichtlich Verlauf und Schweregrad werden Depressionen häufig unterschätzt.

Die typischen Symptome wie Schlafstörungen, anhaltend gedrückte Stimmungslage sowie

Sollten Sie nachts nicht gut schlafen, können auch Krankheiten der Grund dafür sein.

Antriebs- und Interesselosigkeit oder auch körperliche Beschwerden werden nicht immer mit der Möglichkeit einer Depression in Zusammenhang gebracht.

Natürlich ist die gelegentliche Stimmungsverschlechterung ein alltägliches Phänomen und nicht jede Niedergeschlagenheit bedeutet gleich das Abrutschen in eine Depression. Das Wechseln der Stimmungslage ist demnach also eine normale und sinnvolle Reaktion auf die Ereignisse des Tags, die verschiedene Emotionen wie Freude oder Traurigkeit auslösen können.

Einschneidende Erlebnisse bewirken entsprechend starke Gefühle, wie das der Trauer nach dem Verlust eines geliebten Menschen. Während der Phase der Trauerarbeit, die durchaus über viele Tage andauern kann, hält die gedrückte Stimmung an. Eine solche Phase der Ruhe und Besinnung dient nach Verlusten, Trennungen oder Niederlagen der Bewältigung und der Neuorientierung. Nach einiger Zeit pendelt sich das Stimmungsniveau meist wieder auf dem gewohnten Niveau ein.

Etabliert sich hingegen eine Depression als Krankheit, gelingt die Neuorientierung nicht mehr. Stattdessen bleiben Selbstzweifel, Schuldgefühle und Grübelzwang, im schlimmsten Fall haben die Betroffenen manchmal sogar Selbstmordgedanken.

Jeder Mensch hat das Gefühl der Niedergeschlagenheit schon einmal am eigenen Leib erfahren. Somit sind die Übergänge zu einer echten Depression fließend und schwer zu erkennen. Oft wissen auch die Betroffenen ihre Situation nicht richtig einzuschätzen.

Die gestörte Nachtruhe ist eines der ersten und häufigsten Symptome. Schwierigkeiten beim Einschlafen und frühmorgendliches Erwachen zwischen drei und fünf Uhr sind typisch. Gedankenkreisen und Grübelzwänge halten die Betroffenen vom Schlafen ab, sodass sie sich am nächsten Tag müde und schlapp, fahrig und nervös fühlen. Aufgrund der Erschöpfung fühlen sie sich zwar am Abend durchaus müde, aber meist finden sie wieder nicht zur Ruhe.

Anhaltende Schlafstörungen können auf eine beginnende Depression hinweisen und sollten unbedingt ernst genommen sowie von einem Arzt begutachtet werden.

Sonstige psychische Erkrankungen

Nicht nur Depressionen, auch die meisten anderen Erkrankungen der Seele werden häufig von Schlafstörungen begleitet. Zwischen der Befindlichkeit der Seele und dem Schlaf besteht ein empfindliches Gleichgewicht. Ein erholsamer Schlaf wirkt sich ebenso auf die allgemeine Stimmungslage aus, wie umgekehrt die psychische Verfassung auf den Schlaf.

Eine gesunde Psyche ist immer abhängig von bestimmten Botenstoffen im Gehirn, wie z. B. Serotonin. Bei vielen psychischen Erkrankungen (z. B. Schizophrenie, Angststörungen, Alkohol- oder Medikamentenabhängigkeit) ist der Hormonhaushalt dieser Botenstoffe gestört.

Schmerzzustände

Es liegt nahe, dass Schmerzen, egal welcher Art, die Qualität des Schlafs beträchtlich beeinträchtigen können, denn Schmerz ist körperlich wie seelisch eine besondere Belastung. Der Schmerz wird häufig in den Wachphasen, von denen der Schläfer normalerweise nichts merkt, spürbar, was das Wiedereinschlafen verhindert. Schmerzen können die Betroffenen außerdem daran hindern, in der gewöhnten Schlafposition einzuschlafen, womit die Nachtruhe bereits mit einer Störung beginnt. Gegen Ende der Nacht werden Schmerzen im Allgemeinen stärker. Besonders chronische Schmerzen wie bei Osteoporose oder Rheuma gefährden die Nachtruhe der Betroffenen dauerhaft. Dabei ist gerade für solche Menschen der Erholungswert der Nachtruhe enorm wichtig.

Es ist wichtig, Schmerzen, die den Schlaf beeinträchtigen, zu behandeln, um dauerhaften Schlafstörungen vorzubeugen.

Nicht behandelte und chronische Schmerzen können zu dauerhaften Schlafstörungen führen. Umgekehrt verstärkt ein Mangel an Schlaf die individuelle Schmerzempfindlichkeit: In diesem Fall entsteht schnell ein Teufelskreis.

Als erste Maßnahme gilt es also, die Schmerzen zu behandeln. Schmerzpatienten sollten außerdem besonders auf ihre Schlafhygiene achten und Entspannungstechniken erlernen.

Hormonstörungen

Bestimmte Störungen im Hormonhaushalt haben Einfluss auf den Schlaf. Besonders das Hormon der Schilddrüse (Thyroxin) wirkt sich sowohl bei einer Überfunktion wie auch bei einer Unterfunktion negativ auf den Schlaf-Wach-Rhythmus aus. Während bei einer Überfunktion die Stoffwechselprozesse angeheizt werden und der Betroffene unruhig und rastlos wird, sodass er nicht schlafen kann, macht eine Unterfunktion träge und müde. In der Folge wird der Schlaf-Wach-Rhythmus dauerhaft gestört.

Lungenkrankheiten

Lungenkrankheiten wie Asthma oder Bronchitis betreffen die Atmung, deren Störung sich auch auf den Schlaf auswirkt. Die Lungenfunktion sollte bei Betroffenen regelmäßig ärztlich kontrolliert werden. Manche Asthmamedikamente wirken außerdem anregend. Asthmaanfälle ebenso wie Angina Pectoris werden häufig durch die Umstellung des Nervensystems in den frühen Morgenstunden ausgelöst.

Herz-Kreislauf-Erkrankungen

Der Schlaf ist für den Organismus eine Phase der Erholung. Dies gilt auch für das Herz. Zwischen dem Herz-Kreislauf-System und dem Schlaf besteht eine wechselseitige Beziehung.
So kann die Qualität des Schlafs bei bestehenden Herzerkrankungen ebenso leiden wie umgekehrt eine dauerhaft gestörte Nachtruhe, beispielsweise durch atembezogene Schlafstörungen, das Herz belasten und zu Herz- oder Gefäßerkrankungen führen kann.

Während des Non-REM-Schlafs (siehe Seite 32 ff.), der den größten Teil des Schlafs ausmacht, sinken Herzfrequenz, Atmung und Blutdruck auf niedrigere Werte als im Wachzustand üblich. In dieser Zeit können sich Herz und Lunge erholen. Erst während der REM-Phasen und beim Aufwachen ist das Herz-Kreislauf-System wieder stärker gefordert und Atemfrequenz, Blutdruck- und Pulswerte steigen an.
Bei Menschen mit Schlafapnoe-Syndrom kommt es durch die nächtlichen Atemaussetzer einerseits zu einer schlechteren Versorgung des Bluts mit Sauerstoff, andererseits zu häufigerem Aufwachen mit jeweiligem Anstieg von Herzfrequenz und Blutdruck, was das Herz belastet. Auf Dauer kann sich ein Bluthochdruck entwickeln, der auch am Tag bestehen bleibt und unbedingt behandelt werden sollte. Denn Bluthochdruck gilt als Risikofaktor für andere Erkrankungen wie z. B. Herzinfarkt, Herzschwäche und Schlaganfall. Ist der Bluthochdruck die Folge einer Schlafapnoe, wirkt sich deren Behandlung langfristig auch positiv auf den Blutdruck aus.

Umgekehrt wirken sich auch bestehende Herzerkrankungen auf den Schlaf aus. Kurzatmigkeit bei einer Herzschwäche beispielsweise wird besonders im Liegen zum Problem, wenn das Herz mit dem aus den Beinen verstärkt zum Herzen zurückfließenden Blut über-

Ideal: Kombination von Hilfe und Selbsthilfe

Wenn man selbst bereit ist, etwas zur eigenen Gesundheit beizutragen, verbessern sich die Erfolgschancen der üblichen medizinischen Versorgung erheblich. Dazu gehören die bereits beschriebenen Aspekte einer ganzheitlich gesunden Lebensweise, eine vollwertige, nicht zu fettreiche Ernährung, regelmäßige Bewegung, Entspannungsübungen, das Achten auf ein normales Körpergewicht sowie das Wahrnehmen der empfohlenen Kontroll- und Vorsorgeuntersuchungen beim Hausarzt.

Es muss sich niemand schämen, wenn er schnarcht. Immerhin hat man viele Leidensgenossen. Mittlerweile teilen rund zehn Millionen Deutsche das Schicksal von so berühmten Personen wie Sokrates und Goethe.

fordert ist. Dies kann auch zum vermehrten Erwachen im Laufe der Nacht führen. Auch leiden Menschen mit Herzschwäche häufig unter nächtlichem Harndrang.

Psychische Komponenten wie Angst und Unruhe sind hinsichtlich der Schwere der Erkrankung verständlich, verschlimmern die Situation jedoch und können langfristig sogar zu chronischer Insomnie (siehe Seite 56 f.) führen. Entspannungstechniken wie autogenes Training oder Progressive Muskelentspannung nach Jacobson (siehe Seite 95 ff.) können die medizinische Behandlung hier sinnvoll unterstützen.

Magen-Darm-Erkrankungen

Magen-Darm-Erkrankungen verursachen häufig Schlafstörungen. Besonders die Produktion von Magensäure in den frühen Morgenstunden kann zu Schleimhautreizungen und Magenschmerzen, vor allem zu Sodbrennen und saurem Aufstoßen führen. Im Liegen kann Magensäure außerdem leichter in die Speiseröhre zurückfließen und dort schmerzende Verätzungen verursachen. Aber auch fette abendliche Mahlzeiten belasten das Verdauungssystem.

Übergewicht (mehr Fettgewebe) bzw. Alkohol (entspanntes Gewebe) können das Risiko für eine Schlafapnoe vergrößern und das Schnarchen fördern.

Entspannungsübungen helfen zusätzlich zur medizinischen Therapie bei dem wichtigen Aspekt der Stressbewältigung. Der Krankheitsverlauf wird ebenso wie die Schlafqualität günstig beeinflusst.

Zentrale Störungen

Wie bereits erwähnt, wird der Schlaf über Zentren im Gehirn gesteuert. Auch in diesem Bereich können natürlich Störungen auftreten, die den Schlaf beeinträchtigen. So kommt beispielsweise bei Alzheimer- und Parkinsonpatienten in fortgeschrittenen Stadien der Schlaf-Wach-Rhythmus häufig völlig aus dem Takt.

Schlafstörungen durch Medikamente

Einige Medikamente können einen störenden Einfluss auf den Schlaf habe. Dazu zählen Betablocker, Asthmamedikamente, Hormonpräparate und manche Antibiotika. Andere störende Substanzen wie Alkohol, Nikotin oder Koffein wurden bereits besprochen. Kommt es durch Medikamente zu einer deutlichen Beeinträchtigung des Schlafs, kann vielleicht ein Präparatewechsel Abhilfe schaffen. Besprechen Sie dies mit Ihrem behandelnden Arzt. Oftmals sind die durch Medikamente ausgelösten Schlafprobleme nur vorübergehender Natur und verschwinden, sobald man sich an das Präparat gewöhnt hat.

Alternative Behandlungsmöglichkeiten

Alle naturheilkundlichen Verfahren haben zum Ziel, die Selbstheilungskräfte im menschlichen Körper zu aktivieren. Zu den überlieferten naturheilkundlichen Behandlungsmethoden zählen die Phytotherapie (Heilpflanzen), die Hydrotherapie (Wasseranwendungen, z. B. Kneippkuren), die Ernährungs- und Bewegungstherapie sowie die Lehre von der harmonischen Lebensführung (Ordnungstherapie). Diese therapeutischen Ansätze sind heutzutage als Behandlungsmethoden durchaus auch von der Schulmedizin anerkannt. Sie sind von Generation zu Generation weitergegeben worden und werden daher auch als „Erfahrungsmedizin" bezeichnet.

Unter dem Begriff Komplementärmedizin (ergänzende Medizin) werden traditionell überlieferte Therapieformen aus anderen Kulturen wie die chinesische Heilkunde (Akupunktur, Akupressur) oder Ayurveda, die Homöopathie und andere überlieferte naturheilkundliche Praktiken zusam-

Alternative Heilmethoden erfreuen sich gerade in den letzten Jahren wachsender Beliebtheit.

mengefasst. All diesen Methoden liegt eine ganzheitliche Betrachtungsweise des Menschen zugrunde. So wird im Unterschied zur Schulmedizin das Krankheitsgeschehen nicht isoliert beurteilt, sondern die persönliche Lebenssituation des Betroffenen berücksichtigt und eine individuelle Therapie vorgeschlagen.

Angewendet von seriösen, gut ausgebildeten Therapeuten sind naturheilkundliche Verfahren im Allgemeinen sehr gut verträglich und haben kaum Nebenwirkungen. Sie integrieren den Betroffenen in das Behandlungskonzept und eignen sich gut, um die eigentliche Heilbehandlung zu unterstützen, Beschwerden zu lindern oder den Verbrauch an konventionellen Medikamenten zu reduzieren.

Gerade pflanzliche Heilmittel helfen häufig bei Schlafstörungen.

Insbesondere bei Schlafstörungen ist die Aktivierung der eigenen Initiative sehr positiv einzuschätzen. Angeboten werden naturheilkundliche Verfahren von Ärzten, Krankengymnasten, Heilpraktikern, Ergotherapeuten, Masseuren und Bademeistern.

Für die Fachärzte gibt es eine Reihe gesetzlich geregelter Zusatzausbildungen wie Homöopathie, Akupunktur, manuelle Medizin/ Chirotherapie und Naturheilverfahren. Die Therapeuten aus den medizinischen Assistenzberufen sind in den von ihnen angebotenen Heilbehandlungen ebenfalls entsprechend geschult. Die Ausbildung zum Heilpraktiker hingegen ist vom Gesetzgeber nicht einheitlich geregelt, sodass die Schulen auf unterschiedliche Inhalte setzen.

Pflanzliche Heilmittel bei Schlafstörungen

Viele Menschen haben eine manchmal durchaus begründete Skepsis vor den „chemischen" Therapeutika und vertrauen lieber Heilmitteln auf pflanzlicher Basis. Seit alters her werden Pflanzen zur Behandlung von Krankheiten eingesetzt (Phytotherapie; griechisch phytos = Pflanze) und nahezu alle modernen Pharmazeutika leiten sich letztlich von pflanzlichen Wirkstoffen ab.

Heilmittel der Phytotherapie bei Schlafstörungen enthalten meist Baldrian, Melisse, Johanniskraut, Lavendel, Passionsblume oder Hopfen. Diese pflanzlichen Mittel sind gut verträglich, werden allerdings erst nach längerem Gebrauch wirksam. Dafür sind weder Abhängigkeit noch Nebenwirkungen zu befürchten.

Lavendel

Lavendel (Lavendula officinalis) ist eine Pflanze des südlichen Mittelmeerraums. Er wirkt vor allem beruhigend bei Schlafstörungen, Herz- und Kreislaufbeschwerden sowie Asthma und krampflösend bei Magenkrämpfen, Neuralgien

Johanniskraut (l. o.), Melisse (M. o.), Passionsblume (r. o.), Hopfen (l. u.), Lavendel (M. u.) und Baldrian (r. u.) wirken alle beruhigend und fördern den Schlaf.

und Migräne. Bei Unruhezuständen und Schlafstörungen ist Lavendel als Badessenz, in Kräuterkissen oder in einem Kräutertee zu empfehlen. Auch in der Aromatherapie spielen die Duftstoffe des Lavendels eine Rolle.

Baldrian

Die Baldrianwurzel (Valeriana officinalis) wirkt beruhigend und schlaffördernd. Auch helfen ihre Wirkstoffe bei nervösen Herz- und Magenbeschwerden, nervöser Erschöpfung, Prüfungsangst und Stress. Nebenwirkungen sind nicht bekannt. So besteht bei der Einnahme von Baldrianpräparaten keine Suchtgefahr und die Reaktionsfähigkeit am nächsten Tag wird nicht beeinträchtigt. Allerdings wirkt Baldrian erst nach einigen Tagen regelmäßiger Einnahme. Empfohlen werden zwei bis drei Gramm des Wirkstoffs ein- bis mehrmalig am Tag. Zur Anwendung kommt Baldrian als Pflanzenpresssaft, Tinktur, Tee oder äußerlich als Badezusatz.

Johanniskraut

Das Johanniskraut (Hypericum perforatum) ist ein typisches Heil-

Anwendungsform

Pflanzliche Wirkstoffe kommen in verschiedenen Formen zur Anwendung: als Mittel zum Einnehmen, in Salben und Umschlägen oder als Badezusätze. Sie können auch in Form von Tees eine gute Ergänzung zu schlafhygienischen Maßnahmen sein.

Der Name der Passionsblume ist auf ihre dekorativen, strahlenkranzartigen Blüten zurückzuführen, da diese an die Dornenkrone Christi erinnern.

kraut des Mittsommers, das in den Tagen der Sommersonnenwende seine goldgelben Blüten öffnet. Vom 24. Juni, dem Johannistag, leitet sich auch sein Name ab. Johanniskraut wirkt auf den Serotoninstoffwechsel leicht stimmungsaufhellend und wird daher gern bei leichten bis mittelschweren Depressionen eingesetzt, aber auch bei nervöser Unruhe und Schlafstörungen. Wie auch bei Baldrian stellt sich ein Effekt oft erst nach längerer, regelmäßiger Einnahme ein. Wegen möglicher Wechselwirkungen mit anderen Arzneimitteln sollte für die längere Anwendung von Johanniskraut der Arzt gefragt werden.

Melisse

Die Melisse (Melissa officinalis) kommt eigentlich aus Südeuropa, wird aber aufgrund der ihr zugeschriebenen Heilkräfte seit langem im mitteleuropäischen Raum als Kulturpflanze geschätzt. Schon bei den Heilkundigen der Antike galt das Kraut als wichtige Heilpflanze. Der deutsche Arzt und Medizinreformator Philippus Theophrastus Bombastus von Hohenheim, besser bekannt als Paracelsus (1493–1541) bezeichnete die Melisse sogar als das „Gold der Medizin".

Die ätherischen Öle der Melisse wirken im Magen-Darm-Bereich Krampf lösend und verdauungsfördernd. Durch die allgemein entspannende Wirkung ist Melisse wohltuend bei nervösen Beschwerden, Unruhezuständen und Stress. Außer als Tee lässt sich aus Melisse auch eine Tinktur zubereiten.

Passionsblume

Die Passionsblume (Passiflora incarnata), eine ursprünglich in Mittelamerika beheimatete Pflanze, enthält ebenfalls Stoffe mit beruhigender Wirkung. In Kombination mit Hopfen oder Melisse ist sie ein beliebter Bestandteil vieler Entspannungstees.

Melisse im eigenen Garten

Das einst in jedem Klostergarten zu findende Heilkraut (Melisse musste per Gesetz in jedem Klostergarten vorhanden sein!) lässt sich auch im heimischen Garten mühelos kultivieren. Da Melisse zu starker Ausbreitung neigt, empfiehlt es sich, sie einzugrenzen oder im gewünschten Areal regelmäßig abzustechen. Zerreibt man die Blätter der Melisse, verbreitet sich ein angenehm frischer Geruch nach Zitrone. Die Blätter lassen sich hervorragend in Tees verwenden, aber auch als Gewürzkraut in der Küche sind ihre feinen Aromen gefragt.

Rezept für einen Beruhigungstee

Zu etwa gleichen Teilen Melissenblätter, Baldrianwurzel und Hopfenzapfen mischen. Jeweils einen Teelöffel der Mischung mit 200 ml heißem Wasser aufbrühen und 10 bis 15 Minuten ziehen lassen, dann filtern. Um die entspannende Wirkung zu verstärken, sollte man ca. zwei bis vier Tassen pro Tag trinken.

Hopfen

Der gemeine Hopfen (Humulus lupulus) stammt aus der Familie der Hanfgewächse und wirkt bei Schlafstörungen, nervöser Unruhe sowie nervös bedingten Herz- und Magenbeschwerden beruhigend und entspannend. Als wichtiger Aromaträger ist diese drei bis sechs Meter lange Kletterpflanze für das Bierbrauen unverzichtbar und wird daher vor allem in Süddeutschland und Tschechien angebaut.

Als Bestandteil in einem Beruhigungstee schmeckt Hopfen zwar etwas bitter, hilft aber zu entspannen und einzuschlafen.

Die Ordnungstherapie

Der Begriff „Ordnungstherapie" hört sich für den Laien zunächst einmal etwas befremdlich oder banal an. Hinter dieser Bezeichnung steht allerdings ein interessantes Konzept, gerade für Menschen, die unter Schlafstörungen leiden. Hierbei werden nämlich die individuelle Lebenssituation und der Lebensstil überdacht. Ziel ist es, über die Art und Weise der persönlichen Lebensführung Einfluss auf die Entwicklung der Erkrankung zu nehmen. Man versucht sozusagen, sein Leben neu zu „ordnen" und Körper, Geist und Seele in ein Gleichgewicht zu bringen. Dies sind Aspekte, die auch bei der Einhaltung der Schlafhygieneregeln eine wichtige Rolle spielen.

Der Betroffene wird hierzu umfassend über seine Erkrankung aufgeklärt und muss sich am therapeutischen Prozess aktiv beteiligen. In der Psychologie bekannte und anerkannte Verfahren wie die Verhaltenstherapie oder Schmerzbewältigung gehören zum Konzept. Angestrebt wird ein seelisches Gleichgewicht in allen Bereichen des Lebens – Phasen der Spannung und Entspannung, Aktivität und Ruhe, Wachheit und Schlaf.

Heilen und Lindern mit Wasser

Hydrotherapie

Die heilenden Kräfte des Wassers waren schon in der Antike be-

Rezept für ein beruhigendes Baldrian-Bad:
Eine Handvoll Baldrianwurzeln in einem Liter Wasser aufkochen und den Absud zum Vollbad geben.

Effekte einer kalten Anwendung

- lokale Auskühlung
- Fiebersenkung
- Entzündungshemmung (antiphlogistisch)
- Schmerzlinderung
- Stimulation des Immunsystems
- lokale, kurzzeitige Engstellung der Gefäße
- spätere Durchblutungsförderung
- endokrinologische Effekte (Drüsenanregung, Ausschüttung von Adrenalin und Kortisol)
- Anregung von Kreislauf und Atmung
- verbesserter Stoffwechsel
- allgemeine Entspannung der Muskulatur nach kurzzeitiger, vermehrter Muskelaktivität
- Schlafförderung

Viele der hydrotherapeutischen Maßnahmen sind echte „Volksmedizin“, d. h. sie können leicht von jedermann erlernt und ohne besondere Hilfsmittel angewendet werden. Allerdings sollte man sich zuvor mit seinem Therapeuten bezüglich Art und Dauer der Behandlung beraten.

kannt. Der schlesische Bauer Vinzenz Prießnitz (1799–1851) und der schwäbische Pfarrer Sebastian Kneipp (1821–1897) gelten heute als die Urväter der Hydrotherapie (griechisch hydros = Wasser).
Auch den Lehren Kneipps liegt eine ganzheitliche Betrachtungsweise des Menschen zugrunde. Nicht die Behandlung einzelner Symptome ist entscheidend, sondern die Aktivierung der Selbstheilungskräfte.
Zentrales Element der Therapie nach Kneipp ist das Konzept der Reizung (Kälte-Wärme-Wechsel). Körperliche Anwendungen mit Wasser in Form von Bädern oder Güssen, Packungen oder Umschlägen können den Betroffenen bei vielfältigen Beschwerden Linderung verschaffen.
Gerüchten zufolge soll Sebastian Kneipp seinerzeit schon dem Papst bei der Bewältigung seiner Schlafstörungen geholfen haben. Der klassische Tipp von Pfarrer Kneipp für guten Schlaf waren überraschenderweise kalte, feuchte Leinenstrümpfe (siehe Seite 134)! Was zunächst etwas sonderbar klingt, beruht auf einem einfachen Prinzip: Die Füße kühlen zunächst ab. Dies versucht der Körper auszugleichen, weshalb Beine und Füße nun verstärkt mit Blut versorgt werden. Infolgedessen wird das Gehirn etwas schwächer durchblutet und insbesondere Grüblern fällt das Abschalten dadurch etwas leichter. Allerdings sollten Sie diese Methode nicht bei kalten Füßen anwenden, wenn Sie frieren oder

Ihre Periode haben, ebenso wenig bei Neigung zu Harnwegsinfekten! Weitere schlaffördernde Methoden der Hydrotherapie sind angenehm temperierte Vollbäder mit Badeessenzen von Baldrian, Lavendel oder Melisse. Kniegüsse und Wassertreten sind ebenfalls hilfreich, denn sie tragen zu einer verbesserten Durchblutung bei.

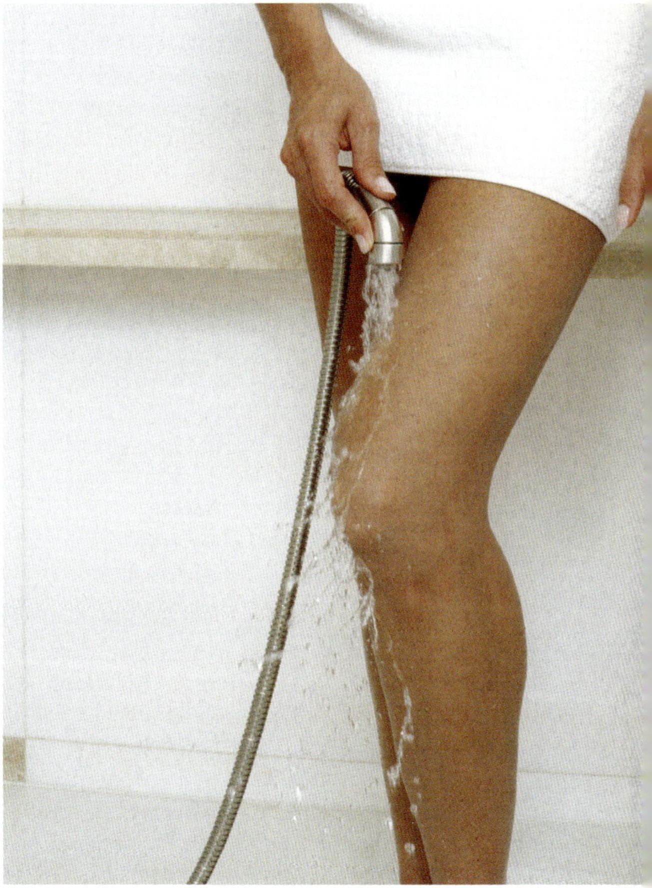

Wohltuende Wirkung können auch die verschiedenen Saunaarten (finnische, Aroma- oder Infrarotsaunen) oder Dampfbäder entfalten. Auch diese Anwendungen sollten nur bei stabilem Kreislauf genutzt und zuvor mit einem Arzt abgesprochen werden.
Einige Menschen schwören darauf, durch regelmäßiges Saunen besonders gut schlafen zu können. Dies muss jeder selbst herausfinden. Sauna wirkt auf einige Menschen auch so anregend, dass sie schlechter einschlafen.

Die Kneipp-Therapie umfasst aber nicht nur die den meisten bekannten Heilverfahren mit Wasser, sondern gibt Empfehlungen für alle Lebensbereiche. Im Rahmen der Bewegungstherapie empfiehlt Kneipp Gehen und Wandern, Gymnastik, Schwimmen und Tanzen. Die Kneipp'schen Ernährungsempfehlungen fordern nicht zu späte und leichte Abendmahlzeiten sowie Milch mit Honig. Im Hinblick auf die Lebensführung sollte man durch ausreichende, körperliche Aktivität sowie Entspannungsübungen zu einer entsprechenden, aber nicht übertriebenen Ermüdung gelangen. Die Mittagsruhe sollte, wenn sie denn angebracht erscheint, nur kurz ausfallen.

Balneotherapie

Die Balneotherapie (Bädertherapie; lateinisch balneum = Bad) ist eine moderne, wissenschaftlich

Kneipps Rezepte für einen guten Schlaf

Kneipp'sche Schlafstrümpfe: Die Leinen- oder Baumwollstrümpfe in kaltes Wasser tauchen und anschließend gerade so viel Wasser auswringen, dass sie nicht mehr tropfen. Die feuchten, kalten Strümpfe anziehen und darüber ein Paar Wollsocken. Zum Schutz des Bettbezugs kann man auch ein Handtuch unterlegen. Die Socken können die ganze Nacht an den Füßen bleiben, es sei denn, es wird Ihnen unangenehm.

Warmes Fußbad: Auch kalte Füße können das Einschlafen verhindern. In diesem Falle hilft ein Fußbad mit schrittweise ansteigender Temperatur: Zunächst wird eine Schüssel mit lauwarmem Wasser gefüllt, dessen Temperatur Sie gerade als angenehm empfinden. Nach einigen Minuten gießen Sie heißes Wasser hinzu und stoppen den Zufluss kurz bevor es Ihnen zu heiß wird. Erhöhen Sie nach diesem Prinzip alle paar Minuten schrittweise die Temperatur. Die Erwärmung der Füße strahlt auch auf den restlichen Körper ab. Zusätzlich können Sie eine Lavendel oder Melisseessenz hinzugeben. Die Freisetzung der ätherischen Öle wirkt wohltuend und entspannend.

Das Anregen des Kreislaufs durch Warm- oder Kaltreize erleichtert das abendliche Einschlafen.

anerkannte Form der Anwendung von Wasser zu therapeutischen Zwecken. Im Unterschied zur Hydrotherapie werden hierbei Heilwässer verwendet, die aus bestimmten, anerkannten Heilquellen bezogen werden.
Das Heilwasser kann im Rahmen einer Kur getrunken oder inhaliert werden (Salinen), ebenso sind Bäder möglich.

Eine weitere Möglichkeit ist der Einsatz von Peloiden (griechisch pelos = Schlamm) wie Heilschlamm oder Heilerde in Form von Fangopackungen oder Moorbädern. Bei der Behandlung bestimmter Körperpartien kann entweder Wärme entzogen (kalte Wickel) oder erzeugt werden, unter Umständen ist ein Schweiß treibender Effekt erwünscht. Unterstützt werden die Wirkungen der verschiedenen Therapien im Fall einer Kur durch das jeweilige, spezifische Klima der Kurorte wie See- oder Gebirgsklima. Solche Kuren können auch bei Schlafstörungen hilfreich sein. Die Betroffenen haben hierbei endlich Gelegenheit, einmal völlig abzuschalten und sich unter den vielfältigen körperlichen Maßnahmen zu entspannen. Durch den Wechsel von Anregung des Kreislaufs und der Stoffwechselprozesse fühlt man sich abends angenehm matt und fällt leichter in den Schlaf.

Traditionelle Chinesische Medizin

Die Traditionelle Chinesische Medizin (TCM) hat sich im westlichen Kulturkreis in den letzten Jahrzehnten immer weiter verbreitet. Diese über 4.000 Jahre alten Heilverfahren aus dem alten China kombinieren Elemente des Buddhismus, Taoismus und Konfuzianismus.

Wichtig für das Verständnis dieser Heilmethoden ist das Prinzip von Yin und Yang. Dieses System der zwei gegensätzlichen Kräfte, die das Universum beherrschen, ist die zentrale Theorie der Traditionellen Chinesischen Medizin. Allerdings stellen die zwei Kräfte nicht einfach nur das Gegenteil des anderen dar. Vielmehr stehen Yin und Yang in einer wechselhaften Beziehung, sie ergänzen sich gegenseitig. Der Mensch ist nur gesund, wenn sich diese beiden Kräfte im Gleichgewicht befinden, wird die Balance gestört, entstehen Krankheiten.

Die Traditionelle Chinesische Medizin geht außerdem davon aus, dass im Körper eine Lebensenergie, das sogenannte Qi, fließt. Dieses bewegt sich auf genau beschriebenen Energiebahnen (Meridiane), welche die direkt unter der Haut liegenden Körperregionen netzartig durchziehen. Bestimmte Punkte entlang dieser Meridiane werden verschiedenen Störungen zugeordnet.

In einem gesunden Menschen fließt die Energie ausgeglichen und gelangt in alle Zellen des Körpers. Wird der Fluss des Qi behindert oder sogar blockiert, kann die Gesundheit des Betroffenen darunter leiden und Krankheiten können entstehen. Mithilfe von Methoden wie Akupunktur oder Akupressur soll der gestörte Energiefluss wieder ins Gleichgewicht gebracht und das Energiepotenzial positiv beeinflusst werden.

Da in der Traditionellen Chinesischen Medizin eine Erkrankung als ganzheitliches Phänomen angesehen wird, spielen neben Heilverfahren wie der Akupunktur oder der Akupressur auch individuell zusammengestellte Kräuterteemischungen sowie Entspannungsübungen eine wichtige Rolle bei der Therapie.

Die Stimulation der Punkte auf den Meridianen führt zu einer Harmonisierung der Lebensströme.

Das bekannte Yin-und-Yang-Zeichen, die sogenannte chinesische Monade (griechisch monas = Einheit), symbolisiert die beiden einander bedingenden Grundkräfte des Universums.

Die Akupunkturpunkte liegen auf den Energiebahnen und sind Organen bzw. deren Krankheitssymptomen zugeordnet.

Akupunktur

Die Akupunktur (lateinisch acus = Nadel, pungere = stechen) ist eine alte chinesische Heilmethode. Bei dieser Reiztherapie werden bestimmte Punkte, die auf den Energieleitbahnen des Körpers liegen, stimuliert, um den Energiefluss anzuregen. Hierbei werden sehr feine Nadeln aus Stahl, Gold oder Silber an exakt definierten Stellen der Meridiane in die Haut gestochen. Diese Akupunkturpunkte werden durch die Nadeln bis ins Unterhautgewebe gereizt. Hierdurch soll die Störung oder Blockade des Energieflusses wieder aufgehoben und so die Gesundung des Menschen bewirkt werden. Insgesamt sind etwa 350 Akupunkturpunkte für die Arbeit eines Akupunkteurs wichtig.

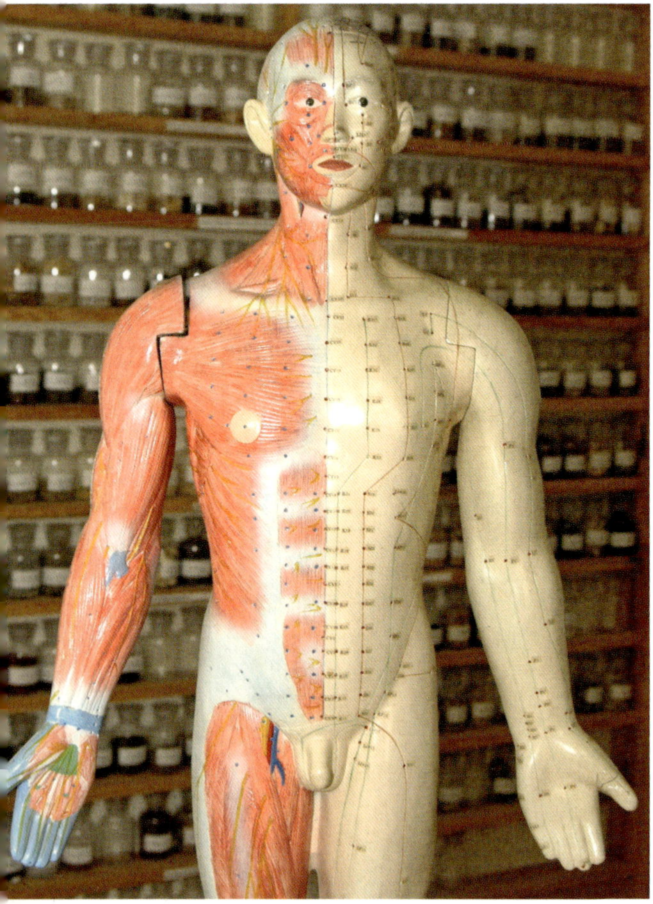

Akupressur

Die Akupressur ist eine mildere und leichter anwendbare Form der Akupunktur. Ihr liegt dasselbe Prinzip zugrunde mit dem Ziel, die Lebensenergie, das Qi, wieder in den richtigen Bahnen fließen zu lassen.

Allerdings werden bei der Akupressur die Akupunkturpunkte nicht mit Nadeln, sondern mit den Fingern stimuliert. Meist werden die Punkte mit den Fingerkuppen massiert, bei manchen Techniken kommt auch der Fingernagel zum Einsatz. Die Fingerkuppen können auf verschiedene Art und Weise über den Massagepunkt bewegt werden: Drücken, punktieren, schieben, teilen und vereinigen bezeichnen die entsprechenden Techniken.

Im Bereich von Muskeln darf kräftiger massiert werden, im Gesicht oder an knöchernen Bereichen sollte man etwas vorsichtiger zu Werke gehen. Üben Sie anfangs weniger Druck auf die Meridiane aus, später können Sie den Druck

auch verstärken. Verspüren Sie bei der Akupressur Schmerzen, sollten Sie den Druck reduzieren und am besten Ihren Therapeuten um Rat fragen.

In der Regel sollte man die einzelnen Akupressurpunkte ein bis drei Minuten lang massieren. Nach einer kurzen Pause kann man die Druckmassage auch noch einmal wiederholen.

Da für die Akupressur keine Hilfsmittel nötig sind und man die Techniken leicht erlernen kann, ist diese Methode ideal zur Selbstbehandlung. Wichtig ist jedoch, damit die Akupressur ihre volle Wirkung entfalten kann, dass Sie die richtigen Punkte bei der Massage treffen. Aus diesem Grund ist es am besten, sich von einem erfahrenen Fachmann in die Thematik einführen zu lassen und danach mit einer sehr genauen Anleitung zu arbeiten.

Im Folgenden werden einige Techniken erklärt und Akupressurpunkte benannt, die sich positiv auf Schlafstörungen auswirken können. Um das Einschlafen zu erleichtern, bieten sich mehrere Akupressurpunkte an.

Der dem Herz zugeordnete Punkt „Shenmen" zeigt besonders bei Schlaflosigkeit, nervöser Unruhe, Angstzuständen und psychischer Erregung sowie Herzrhythmusstörungen Wirkung. Hierbei wird mit dem Nagel des Zeigefingers oder des Daumens 30 bis 60 Sekunden lang mit kräftigem Druck auf der Beugefalte des Handgelenks, in etwa in der Verlängerung des Ringfingers, gleich neben der großen Sehne des Unterarms

Das immer populärer werdende Shiatsu ist die japanische Variante der Akupressur.

massiert. Nach 15 bis 30 Minuten sollte man die Massage einmal wiederholen.
Auch die Punkte „Anmian I" und „Anmian II" haben Einfluss auf den Schlaf – die Übersetzung des Namens bedeutet „Ruhiger Schlaf" und gibt bereits einen deutlichen Hinweis auf das Ergebnis ihrer Stimulation. Die Massage wirkt gegen Stress, Unruhe, Schwindel und Kopfschmerzen. Um den Akupressurpunkt zu finden, legen Sie den Finger hinter dem Ansatz der Ohrläppchen in die kleine Vertiefung. Bewegen Sie diesen dann etwa einen Fingerbreit höher und legen ihn auf den Knochen. Massieren Sie diese Stelle für ein bis zwei Minuten mit leicht kreisenden Bewegungen und deutlich spürbarem Druck.

Akupressurpunkte für einen guten Schlaf

Stirn: Massieren Sie beide Schläfen. Legen Sie einen Finger auf die Stirnmitte, den Punkt, der genau zwischen den beiden Augenbrauen liegt.

Fingerkuppen: Drücken Sie mit dem Daumen der einen Hand nacheinander ganz leicht auf die vier Fingerkuppen der anderen Hand. Danach wechseln Sie die Seite.

Ohren: Kneten Sie Ihre Ohrläppchen.

Fuß: An den Fußknöcheln gibt es den Akupressurpunkt mit dem schönen Namen „Fröhlicher Schlaf". Dieser liegt direkt unterhalb des Innenknöchels in einer kleinen Vertiefung. Massieren Sie diesen Punkt drei Minuten lang mit dem Daumen kräftig nach oben und nach hinten.

Weiterführende Informationen

Schlafstörungen haben erhebliche Auswirkungen auf die körperliche und seelische Gesundheit und beeinträchtigen die Lebensqualität. Deshalb ist es wichtig, sich als Betroffener gut zu informieren, Unterstützung in Anspruch zu nehmen und ggf. Kontakt zu Selbsthilfegruppen aufzunehmen. Im Folgenden finden Sie Adressen und Ansprechpartner von Organisationen, die Ihnen bei konkreten Fragen zum Thema Schlafstörungen weiterhelfen können. Des Weiteren wird auf nützliche Internetseiten hingewiesen. Außerdem werden in einem kurzen Glossar die wichtigsten Begriffe noch einmal erklärt.

Adressen und Ansprechpartner

Deutsche Akademie für Gesundheit und Schlaf (DAGS)
Universitätsstr. 84
93053 Regensburg
Telefon 0941/9428271
Fax 0941/9411505
www.medbo.de

Bundesfachverband Schlafapnoe Deutschland BSD e. V.
Turnierstr. 5
55218 Ingelheim
Telefon 06132/4 13 93
Fax 06132/79 97 34
www.bsd-web.de

Schlafapnoe e. V.
Am Burgholz 6
42349 Wuppertal
Telefon 0202/408917
Fax 0202/4087646
www.schlafstoerungen-online.de

Fachverband Schlafapnoe/ Chronische Schlafstörungen
Wurzerstraße 4 a
53175 Bonn
Telefon 0228/820930
Fax 0228/8209346
www.vdk-schlafapnoe.de

Deutsche Narkolepsie-Gesellschaft e. V.
Postfach 1107
42755 Haan
Telefon 02238/59258
Fax 02238/59258
dnger@wtal.de
www.dng-ev.de

Deutsche Restless-Legs Vereinigung (RLS e. V.)
Schäufeleinstraße 35
80687 München
Telefon 089/55028880
Fax 089/55028881
www.restless-legs.org

Österreichische Gesellschaft für Schlafmedizin und Schlafforschung (ÖGSM)
Anichstr. 35
A-6020 Innsbruck
Telefon 0512/50423811
Fax 0512/50423842
www.schlafmedizin.at

Kontakt- und Informationsstellen für Selbsthilfegruppen (KISS)
Gaußstraße 21
22765 Hamburg
Telefon 040/395767
www.kiss-hh.de

NAKOS – Nationale Kontakt- und Informationsstelle zur Anregung und Unterstützung von Selbsthilfegruppen
Wilmersdorfer Straße 39
10627 Berlin
Telefon 030/31018960
www.nakos.de

Deutsche Gesellschaft für Ernährung e. V.
Godesberger Allee 18
53175 Bonn
Telefon 0228/3776600
Fax 0228/3776800
webmaster@dge.de
www.dge.de

Medical Contact AG Proaktive telefonische Raucherentwöhnung
Telefon 0180/1500346

Informative Internetangebote

www.imp-muenchen.de/?mctq
Institut für Medizinische Psychologie an der LMU München; Online-Test zum Thema Chronotyp

www.dgsm.de
Deutsche Gesellschaft für Schlafforschung und Schlafmedizin (DGSM); Adressen, Informationen und Links

www.schlafmedizin.de
Adressen zu Schlafgesellschaften, Schlafschulen, Schlaflaboren und Selbsthilfegruppen

www.rauchfrei-info.de
Das „Rauchfrei-Ausstiegsprogramm“ der Bundeszentrale für gesundheitliche Aufklärung

Glossar

Chronotypen: Einteilung der Menschen gemäß ihrer individuellen inneren Uhr (zirkadianer Rhythmus) in Frühaufsteher („Lerchen") und Nachtschwärmer („Eulen"). Die persönliche Ausprägung der Chronotypen beginnt bereits in der Kindheit (während der Pubertät sind die meisten Jugendlichen tendenzielle Eulentypen).

Hypersomnie: Krankhaft erhöhtes Schlafbedürfnis und große Tagesschläfrigkeit (Schlafsucht).

Insomnie: Ein- oder Durchschlafstörung mit schlechter Schlafqualität. Insomnien sind die häufigste Form der Schlafstörung.

Melatonin: Schlaf anstoßendes und stimmungsverflachendes Hormon, das in der Zirbeldrüse (Epiphyse) entsteht. Melatonin spielt eine wichtige Rolle bei der Steuerung des Schlaf-Wach-Rhythmus.

Narkolepsie: Neurologische Störung der den Schlaf-Wach-Rhythmus regulierenden Zentren. Betroffene fallen hierbei plötzlich mehrmals täglich in unkontrollierten Schlaf.

Non-REM-Schlaf: Schlafstadium. Stadium 1 und 2 bezeichnen den Leichtschlaf, Stadium 3 und 4 die Tiefschlafphasen.

Parasomnien: Aus dem Schlaf heraus auftretende Auffälligkeiten, die alle den Schlaf unterbrechen (u. a. Albtraum, Zähneknirschen, Schlafwandeln).

REM-Schlaf: Auch Traumschlaf genanntes Schlafstadium mit schnellen Augenbewegungen.

Restless-Legs-Syndrom (RLS): Nervenerkrankung (Syndrom der ruhelosen Beine) mit besonders vor dem Einschlafen auftretenden Symptomen (Kribbeln in den Waden, Ziehen, Jucken, Stechen oder Brennen, verkrampfte Muskeln bis hin zu quälenden Schmerzen), die einen gesunden Schlaf verhindern.

Schlaf: Zustand der äußeren Ruhe, der sich vom Wachzustand durch Veränderungen von körperlichen Funktionen und Bewusstsein unterscheidet (Körpertemperatur, Atemfrequenz, Blutdruck). Der Schlaf wird in verschiedene Stadien unterteilt (Non-REM-Schlaf und REM-Schlaf).

Schlafapnoe: Vorübergehende Atemstillstände von zehn Sekunden Dauer und länger, die während des Schlafs auftreten.

Schlaffenster: Zeiträume, in denen das Schlafen am leichtesten fällt. Schlaffenster treten natürlicherweise etwa alle vier Stunden auf (meist gegen 9, 13 und 17 Uhr, nach 21 Uhr Nachtmüdigkeit).

Schlaffunktionen: Während des Schlafs erholt sich der Körper und es laufen wichtige Prozesse ab (Blutbildung, Wundheilung, Hormonproduktion). Das Gehirn verarbeitet und speichert Gelerntes und Erlebtes.

Schlafhygiene: Sammelbegriff für alle Lebensgewohnheiten und Verhaltensweisen, die einen gesunden Schlaf fördern.

Schlaflähmung: Symptom der Narkolepsie. Der Betroffene ist beim Einschlafen oder nach dem Erwachen kurzzeitig unfähig sich zu bewegen. Dieses Lähmungsgefühl endet abrupt von selbst.

Schlafstadien: Es werden fünf Formen des Schlafs unterschieden. Es handelt sich dabei um die beiden Leichtschlafstadien Non-REM 1 und 2, die beiden Tiefschlafstadien Non-REM 3 und 4 und den REM-Schlaf.

Schlafterror: Aufwachstörung, die immer in der ersten Nachthälfte während der Tiefschlafphase auftritt. Betroffen sind meist Kinder zwischen zwei und sieben Jahren. Symptome sind Panik, Angst, beschleunigte Atmung und weit aufgerissene Augen.

Schlaftrunkenheit: Zustand der Verwirrtheit kurz nach dem Erwachen, der meist bei Säuglingen und Kleinkindern vorkommt.

Schlaf-Wach-Rhythmus: Zeitlicher Wechsel von Phasen des Schlafens und Wachens. Der Schlaf-Wach-Rhythmus ist eng verknüpft mit dem zirkadianen Rhythmus.

Schlafwandeln: Unwillkürliche Aktivitäten während des Schlafens, wobei psychische Vorgänge zu einer körperlichen Handlung führen. Das Schlafwandeln findet meist während des ersten Drittels der Nacht in der Tiefschlafphase (Non-REM-Schlaf Stadium 3 und 4) statt. Die Mehrzahl der Schlafwandler werden nur geringfügig aktiv (Aufsitzen im Bett, Unruhe) und legen sich nach kurzer Zeit wieder hin.

Schnarchen: Lautes Atemgeräusch, das meist beim Einatmen der Luft durch im Schlaf erschlaffte und verengte obere Luftwege entsteht. Wird das Schnarchen von Atemaussetzern von mehr als zehn Sekunden begleitet, spricht man von Schlafapnoe, einer behandlungsbedürftigen Schlafstörung.

Zirkadianer Rhythmus: Der auch Biorhythmus genannte periodische Wechsel, dem jedes Lebewesen auf der Erde unterworfen ist. Der zirkadiane Rhythmus läuft über ca. 24 Stunden und ist beim Menschen eng mit dem Hell-Dunkel-Rhythmus (Schlaf-Wach-Rhythmus) von Tag und Nacht verknüpft.

Bildnachweis

Wir bedanken uns bei allen Bildlieferanten, die uns durch die Bereitstellung von Abbildungen freundlicherweise unterstützt haben.

Bilderbox: 71

djd deutsche journalisten dienste: djd/AKZO Nobel Deko GmbH 15; djd/Bodytone The Sleeping Society 40; djd/DB Auto Zug 101; djd/Destination Waldviertel 97; djd/Die Wohnidee 85; djd/Erwin Müller Versandhaus 88; djd/Fachverband Wasserbett 37, 79; djd/GoldbeckHörz 42; djd/Gynokadin 94; djd/Holzabsatzfonds 30; djd/Intermed Verlagsgesellschaft 57; djd/Matratzen Factory Outlet 86, 137; djd/Metzeler Schaum GmbH 11, 26; djd/NuvaRing 49; djd/OeKolp 10, 121; djd/PreCon GmbH 92; djd/Protina 84; djd/Ratgeberzentrale 90, 138; djd/ResMed 52, 62, 106; djd/RGZ/Mauritius Images 103; djd/Sutter Medizintechnik 60, 77; djd/Utrogest 122

Gruppo Editoriale Fabbri: 39

Sonja Heller: Infokastensymbol „Figur"

Hotel „Die Post": 34

ifa Bilderteam: 20

Klosterfrau Gesundheitsdienst: 129 o. (3), l. u.

Kneipp Werke, Würzburg: 133

Mauritius GmbH: 8, 12, 16, 22, 28, 48, 50, 54, 66, 68, 74, 82, 108, 112, 114, 119, 120, 127

Orgon Körperpflege GmbH: 46

Picture Alliance/ZM: 136

Pixelquelle.de: Michael Jurmann 129 u. r.; Edith Obrist 129 M. u.